Die Wüsten der Erde

Arbeitsblatt

❶ *Benenne mithilfe des Atlas zehn Wüstengebiete. Ob du richtig gearbeitet hast, zeigt dir das Lösungswort.*

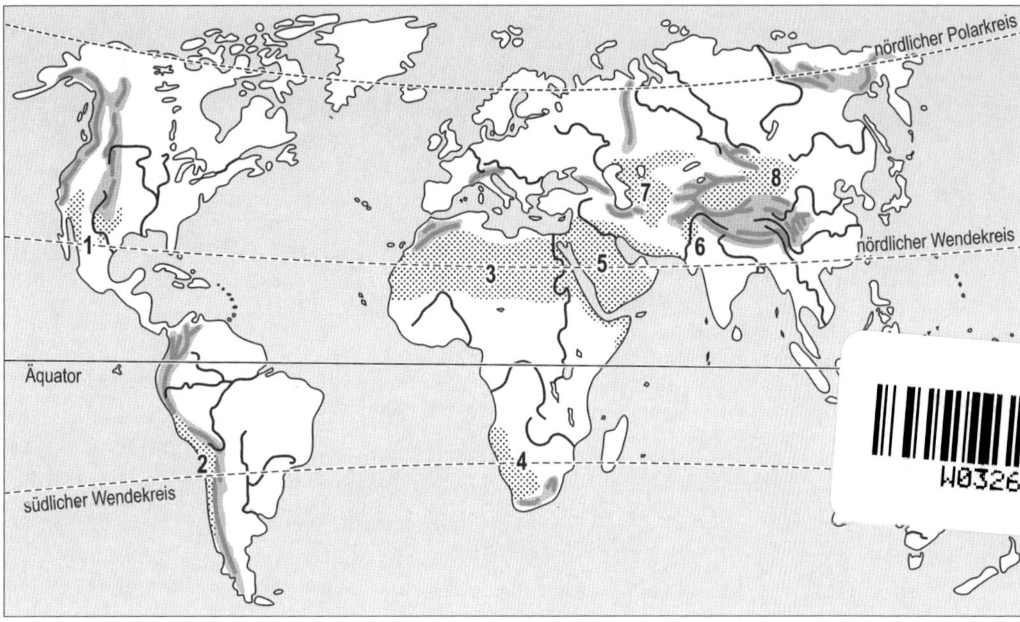

1 _ _ _ _ _ _ - Wüste (6/12)

2 _ _ _ _ _ _ _ (13, 4)

3 _ _ _ _ _ _ (2)

4 _ _ _ _ _ (7)

5 _ _ _ _ _ _ _ _ _ - Wüste (9/14)

6 Wüste _ _ _ _ _ (1)

7 _ _ _ _ _ _ _ - Wüste (5)

8 Wüste _ _ _ _ und Taklimakan (3)

9 _ _ _ _ _ _ - Wüste (8, 10)

10 _ _ _ _ _ _ _ - Wüste (11)

Lösung: _ _ _ _ _ _ _ _ _ _ _ _ _ _

1 2 3 4 5 6 7 8 9 10 11 12 13 14

❷ *Ordne jedes Foto auf dem Stationsblatt einem entsprechenden Wüstengebiet zu.*

Foto 1: ____________________ Foto 2: ____________________

Foto 3: ____________________ Foto 4: ____________________

❶ *Die Texte auf dem Informationsblatt beschreiben drei Wüstenarten in der Sahara. Ergänze die Tabelle.*

Deutsche Bezeichnung	Arabische Bezeichnung	Beschreibung / Entstehung	Anteil an der Sahara in %

❷ *Zeichne ein Diagramm, in dem du die Anteile der drei Wüstenarten der Sahara veranschaulichst.*

0 50 % 100 %

❸ *Trage in die Schriftfelder der Zeichnung folgende Begriffe ein: Gebirge – Felswüste – Kieswüste – Sandwüste – Hamada – Serir – Erg – Wanderdünen – Wadi – Pilzfelsen – Wind.*

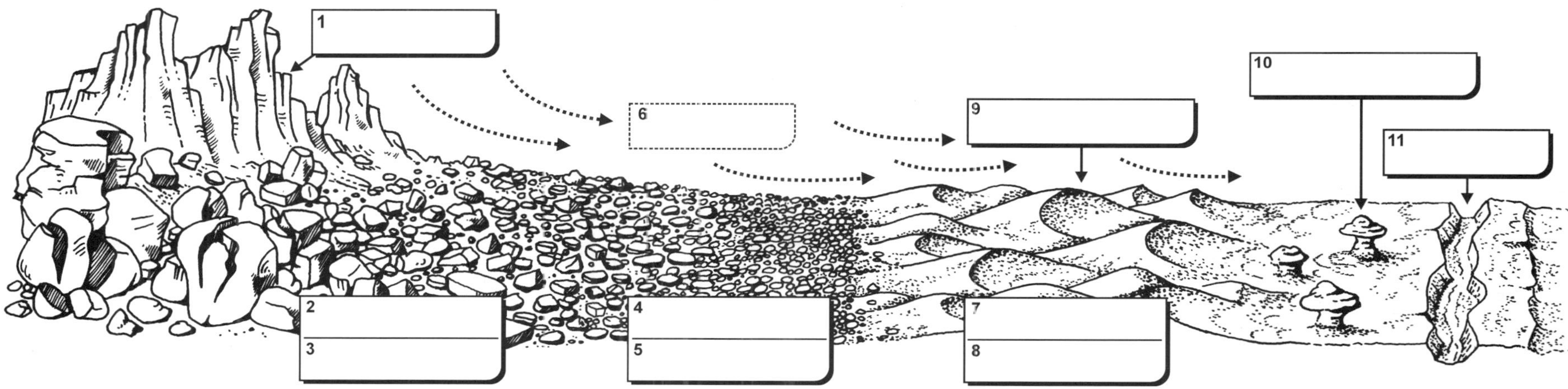

Wüstentypen – Papiermodell „Tropische Zirkulation“

Bastelanleitung

Mit diesem Papiermodell kannst du das Wettergeschehen innerhalb der Tropen mit Verlagerung des Zenitstandes der Sonne simulieren.

Material
Kopien der Vorlagen 1 und 2, drei Stück Feinkarton DIN A4, Klebstoff, Farbstifte.

Geräte
Schere, Lineal.

Durchführung

- die Kopien der Vorlagen auf je einen Feinkartonbogen aufkleben und die Umrisse ausschneiden;
- bei Vorlage 2 die innere Fläche sorgfältig herausschneiden;
- bei Vorlage 2 ein Lineal entlang der gestrichelten Linie anlegen und mit der stumpfen Seite der Schere den Karton leicht eindrücken; dies für die zweite Linie wiederholen;
- Karton entlang den gestrichelten Linien nun nach hinten umknicken (vgl. *Skizze* unten) und auf der Innenseite ankleben (= Vorderseite der Wettermaschine);

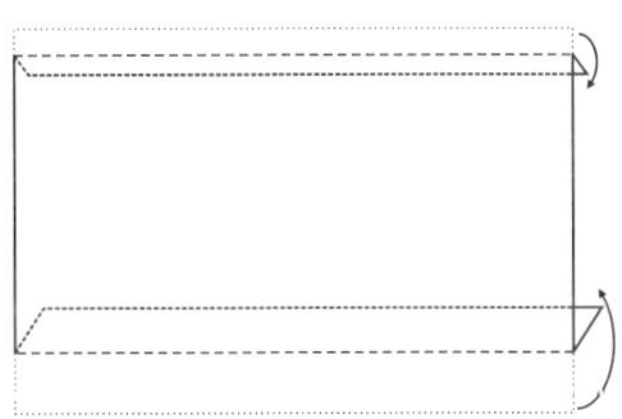

- Vorderseite der Wettermaschine auf das restliche Kartonstück nach Vorlage 1 legen, die überschüssige Länge des Kartons markieren und abschneiden (Rückwand 25 cm auf 13 cm, vgl. *Skizze* unten);
- Vorderseite und Rückwand der Wettermaschine nur an den schmalen Streifen oben und unten zusammenkleben;

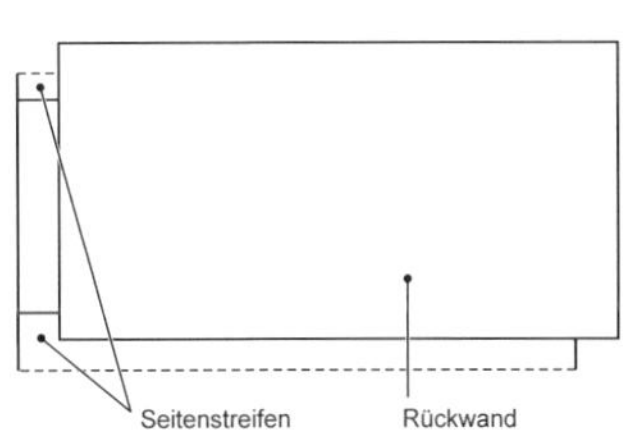

- Vorlage 1 in den Schlitz der Wettermaschine schieben und die innertropische Zirkulation und die Verlagerung der innertropischen Konvergenzzone innerhalb eines Jahres simulieren.

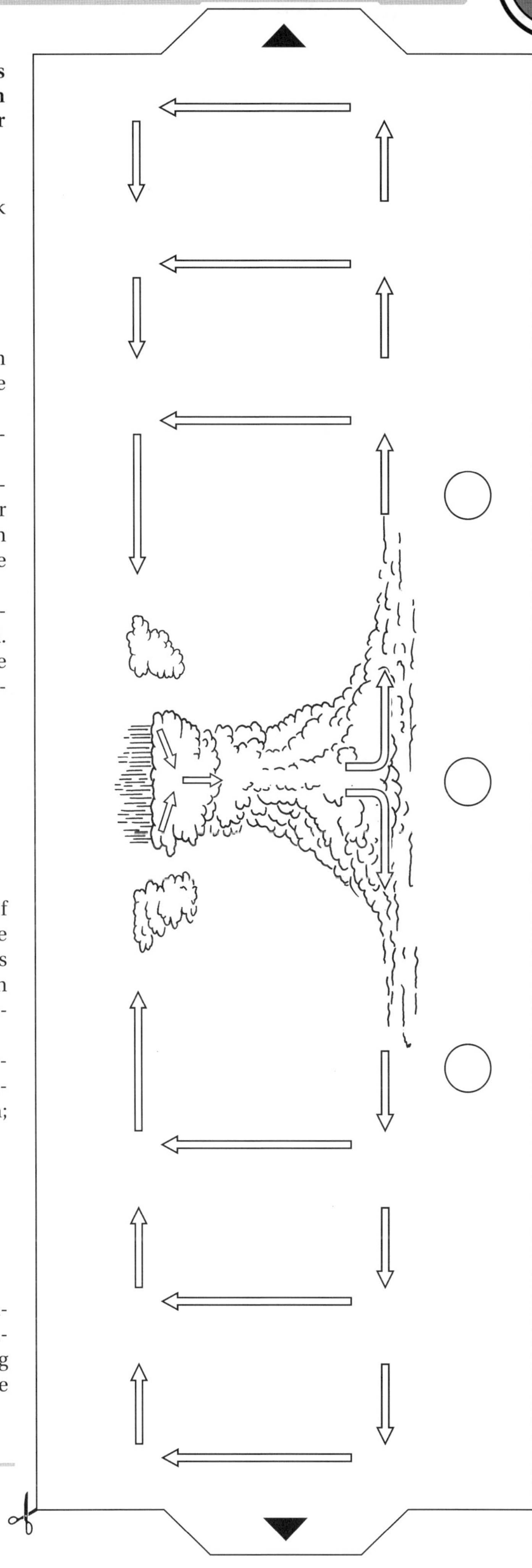

an der gestrichelten Linie nach hinten umknicken und auf der Innenseite ankleben

Die tropische Wettermaschine

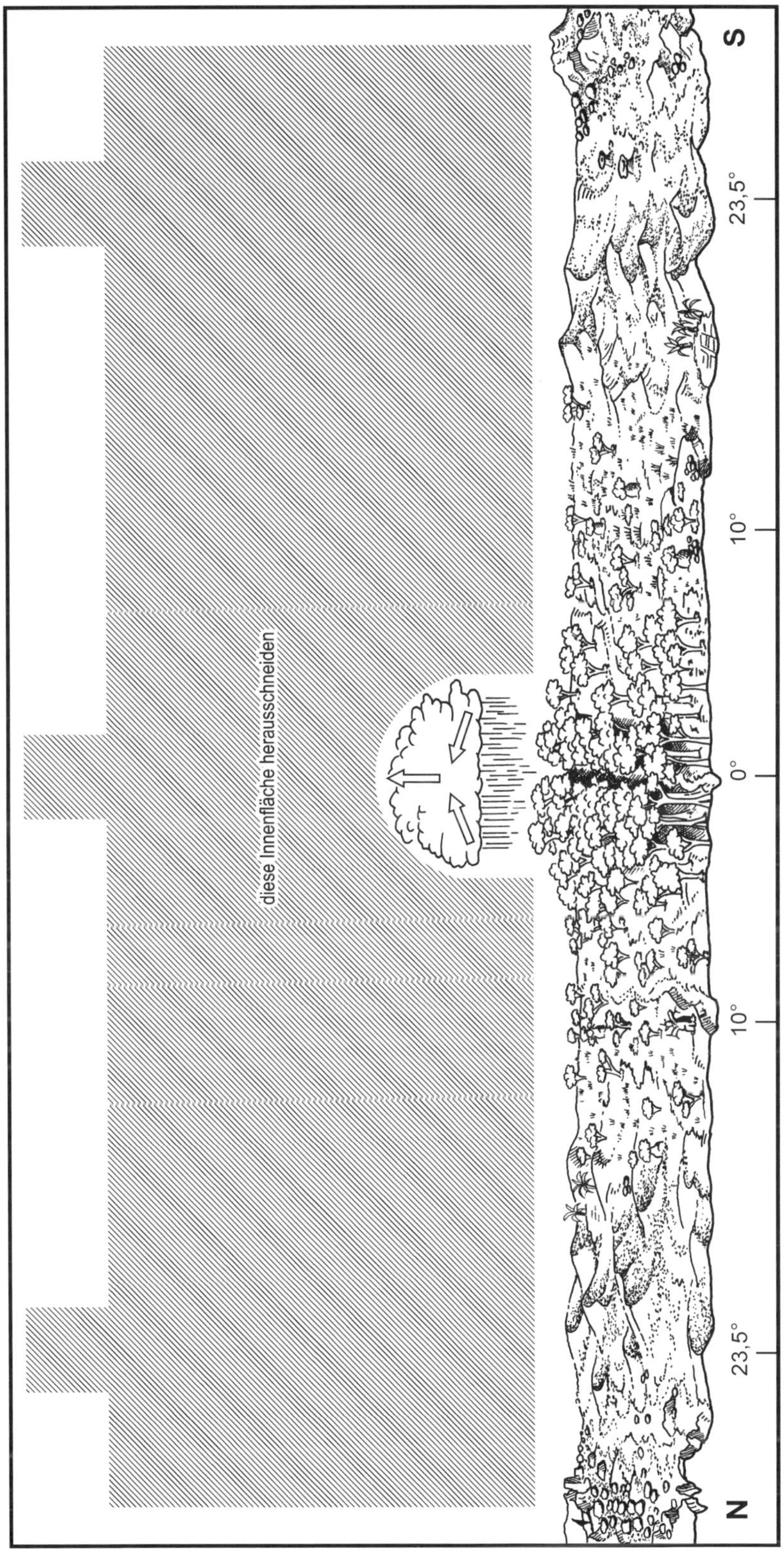

an der gestrichelten Linie nach hinten umknicken und auf der Innenseite ankleben

Wüstentypen – Die Entstehung von Wendekreiswüsten

Arbeitsblatt

❶ *Ergänze die Lücken im Text mithilfe folgender Wörter: Wolkenbildung – Wolkenauflösung – steigen – Wendekreise – Wendekreiswüsten – kühlen – kondensiert – kalte – Warme*

Warme Luftmassen ________ im Äquatorbereich auf. Wenn Luftmassen aufsteigen, ________ sie dabei ab und der in der Luft enthaltene Wasserdampf ______________ und es kommt zur ______________ und zu Niederschlägen. In der Höhe werden die Luftmassen von den stetig nachströmenden Luftmassen in Richtung der beiden ______________ gedrängt. An den Wendekreisen sinken die Luftmassen wieder ab. Beim Absinken erwärmen sich die Luftmassen. ________ Luftmassen können mehr Feuchtigkeit aufnehmen als ______ . Deshalb kommt es im Bereich der Wendekreise zur ________________ . Hier befinden sich Regionen mit geringen bzw. keinen Niederschlägen, die man ________________ nennt.

❷ *Zeichne den Passatkreislauf ein. Wähle die Farbe Rot für warme Luftmassen, die Farbe Blau für kalte Luftmassen.*

❸ *Nenne Beispiele für Wendekreiswüsten.*

____

____

Wüstentypen – Die Entstehung von Küstenwüsten

Z-Arbeitsblatt

❶ *Die Abbildung zeigt das West-Ost-Profil durch die Atacama auf der Breite von Antofagasta (siehe Atlas).*
Ergänze folgende Bezeichnungen in der Abbildung: Hochkordillere – Atacama-Wüste – Pazifischer Ozean – Nebel – Küstenkordillere – kaltes Auftriebswasser.

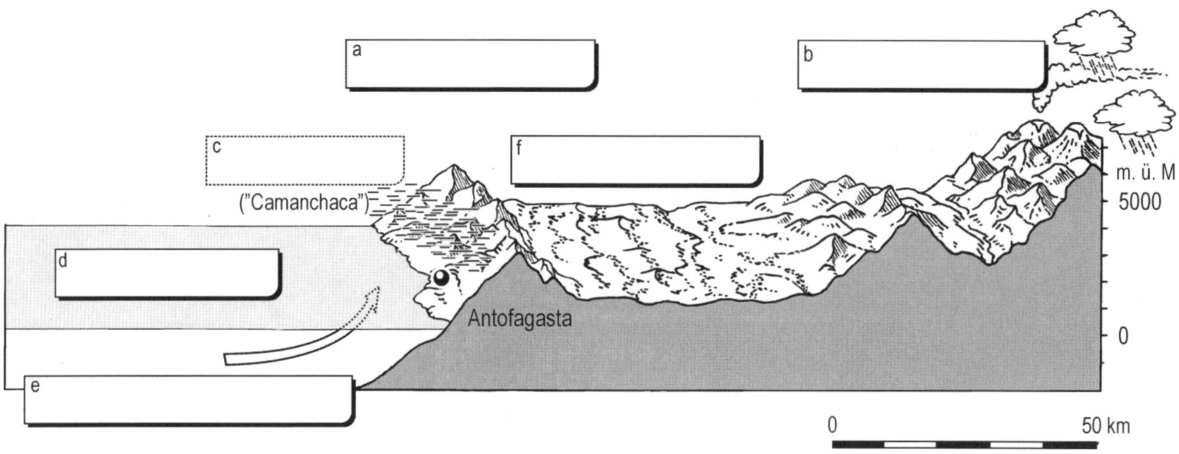

❷ *Erläutere die Entstehung der Atacama, die zum Typ der Küstenwüsten gehört.*

____

____

____

____

❸ *Neben der Atacama gehört auch die Namib zum Typ der Küstenwüsten. Kennzeichne die beiden Küstenwüsten in der Karte farbig.*

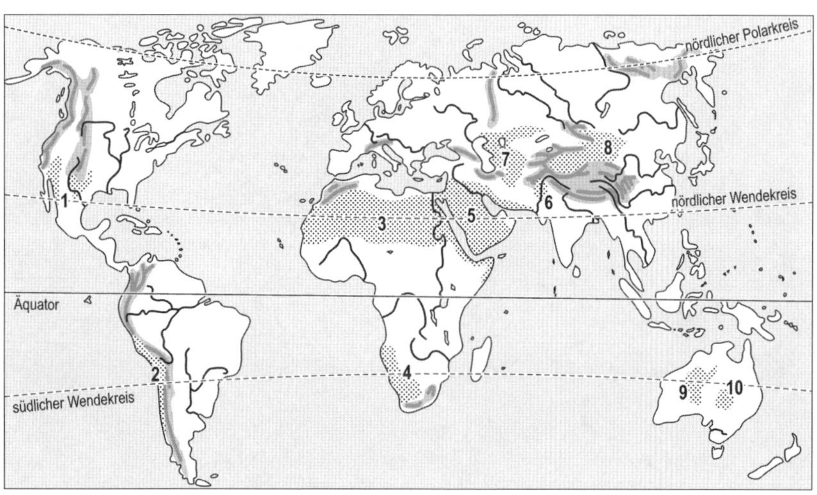

Wüstentypen – Die Entstehung von Binnenwüsten

Z-Arbeitsblatt

❶ *Die Abbildung zeigt das Südwest-Nordost-Profil im Bereich des Tarimbeckens (siehe Atlas).*
Ergänze folgende Landschaftsbezeichnungen in der Abbildung: Wüste Taklimakan, Himalaya, Tianschan, Kunlunschan. Beschrifte in der Abbildung: feuchte Luftmassen, trockene Luftmassen.

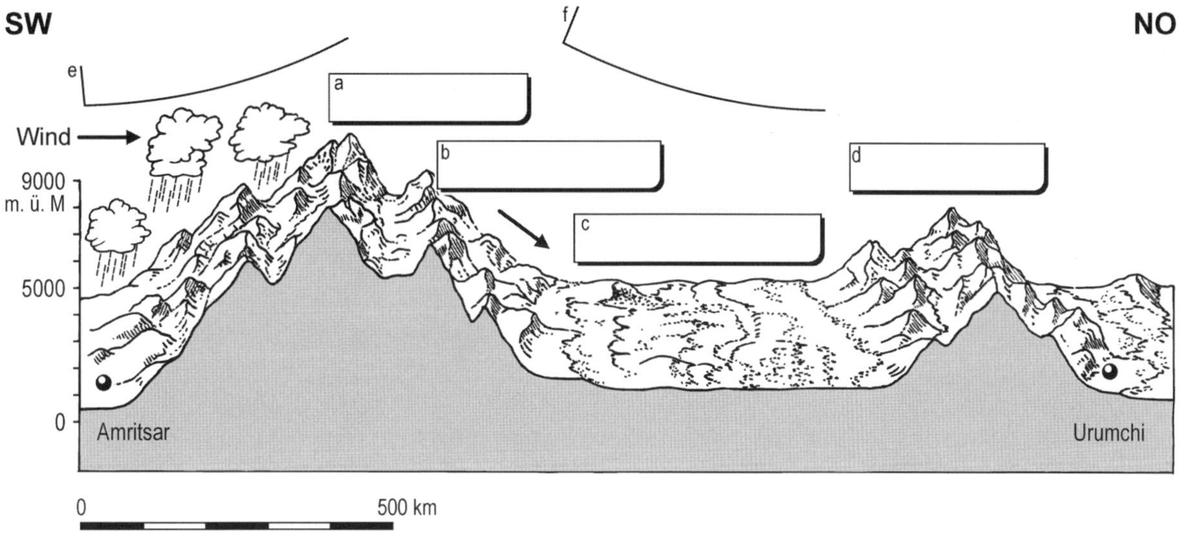

❷ *Erläutere die Entstehung der Taklimakan-Wüste, die zum Typ der Binnenwüsten gehört.*

❸ *Kennzeichne die Wüsten, die zu den Binnenwüsten gehören, in der Karte farbig.*

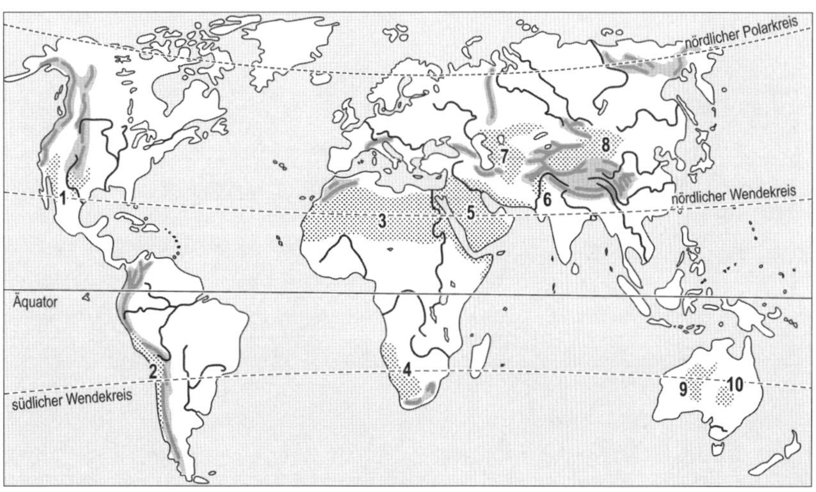

1 *Führe folgendes Experiment durch und notiere die Beobachtungen.*

Material: Fön, Karton, Sandmischung (Spielsand und feiner Vogelsand), Eiswürfelschale

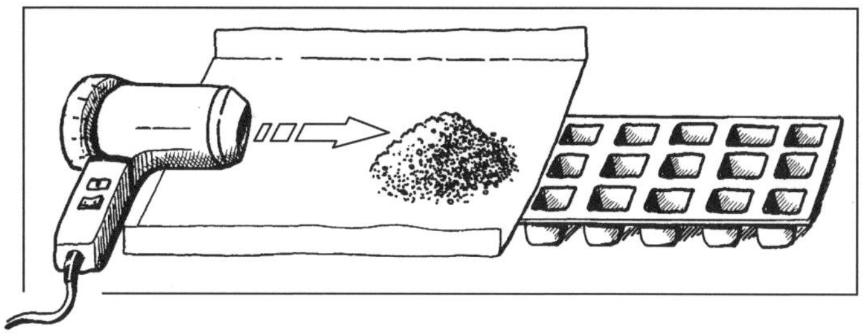

Durchführung:
1. Baue den Versuch gemäß der Skizze auf.
2. Schalte den Fön ein und versuche mit dem Windstrahl Sand in Richtung der Eiswürfelschale zu bewegen.

Auswertung: Notiere deine Beobachtungen und gib hierzu eine Erklärung.

____

____

____

2 *Schneide die Beschreibungen der Dünenformen aus und ordne sie den entsprechenden Dünenformen zu. Klebe die Papierstreifen anschließend auf.*

✂ **Barchane** (Sicheldünen) sind der Prototyp der Wanderdüne.
Ein flacher Anstieg auf der windzugekehrten Seite (Luvseite), die Steilseite liegt im Lee. Beide Enden eines Barchans greifen wie zwei Arme nach vorne. Die Seiten bewegen sich schneller voran, weil weniger Material zu transportieren ist.

✂ **Parabeldünen** (Bogendünen) treten in Gebieten mit Vegetation auf. Sie sind zum Wind hin offen. Das Zentrum bewegt sich wegen der Vegetationslosigkeit schneller, während die Seiten durch die Vegetation z. T. festgelegt sind.

✂ Dünen haben oft die Form einer langgestreckten Querdüne oder **Walldüne,** die quer zur Hauptwindrichtung angeordnet sind. Sie weisen ein unsymmetrisches Querprofil auf. Sie steigen im Luv sanfter an, brechen im Lee scharf ab.

✂ **Strichdünen** oder Seifs (auch Längsdünen) sind langgezogene, flache Gebilde. Sie können sich oft viele Kilometer weit in der Hauptwindrichtung erstrecken und parallel nebeneinander verlaufen. Bisweilen sind Strichdünen durch Seitenäste miteinander verbunden.

✂ **Sterndünen** entstehen bei häufig wechselnder Windrichtung. Ihre Ausläufer spreizen sich wie ein Fleck nach allen Seiten aus.

1/2

Dünenform	Beschreibung
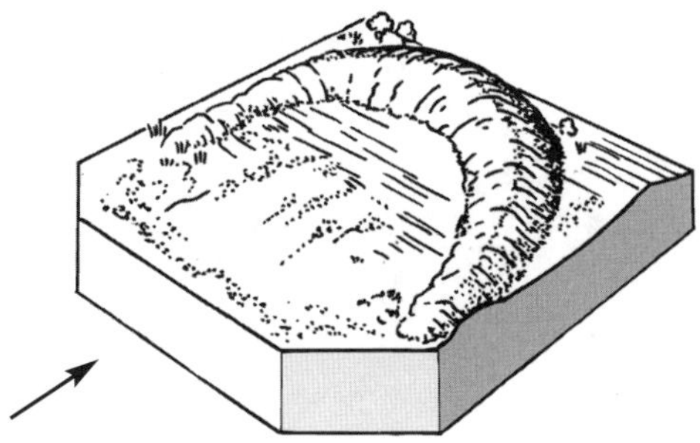	
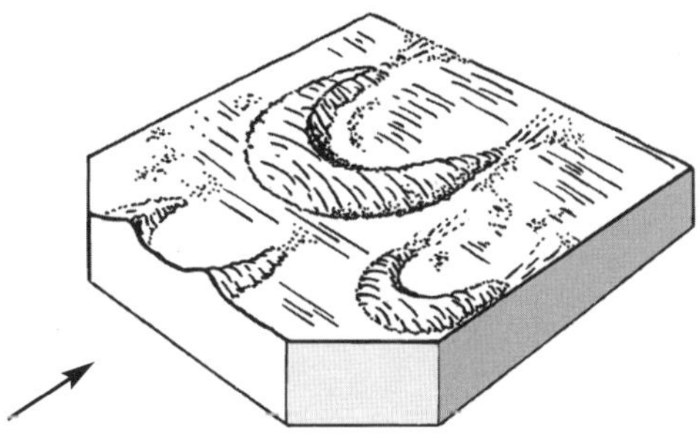	
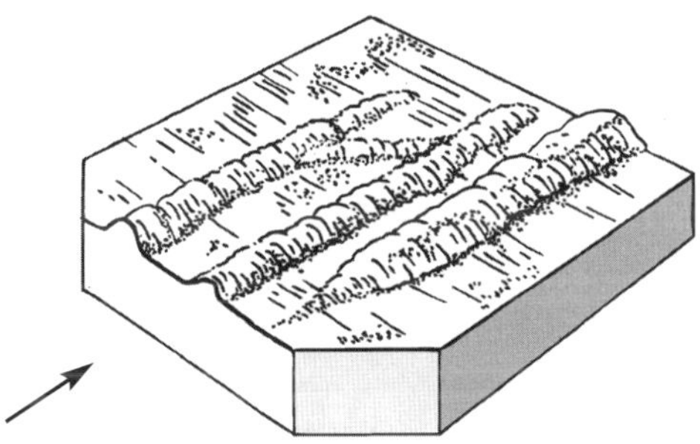	
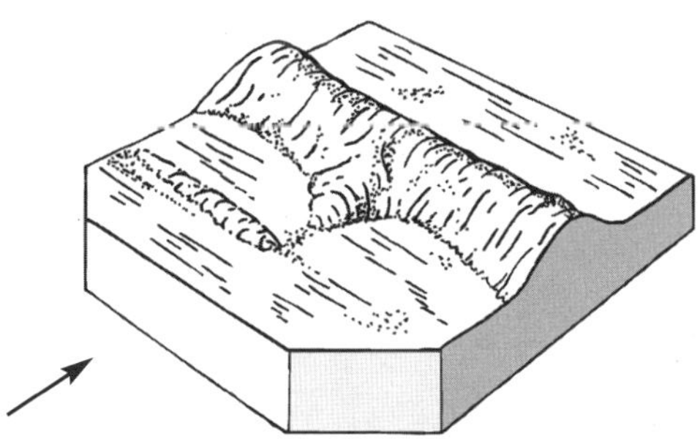	
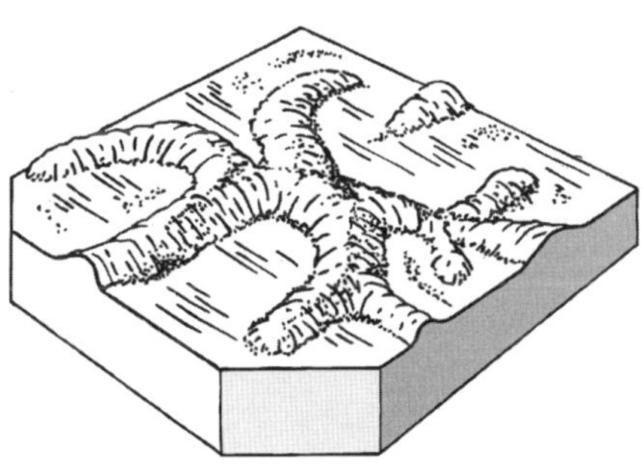	

1 *Zeichne das Klimadiagramm der Station A und berechne die mittlere Jahrestemperatur und den Jahresniederschlag.*

	J	F	M	A	M	J	J	A	S	O	N	D
°C	13	15	20	24	30	34	37	36	33	27	20	14
mm	3	2	0	0	0	0	0	0	1	0	4	3

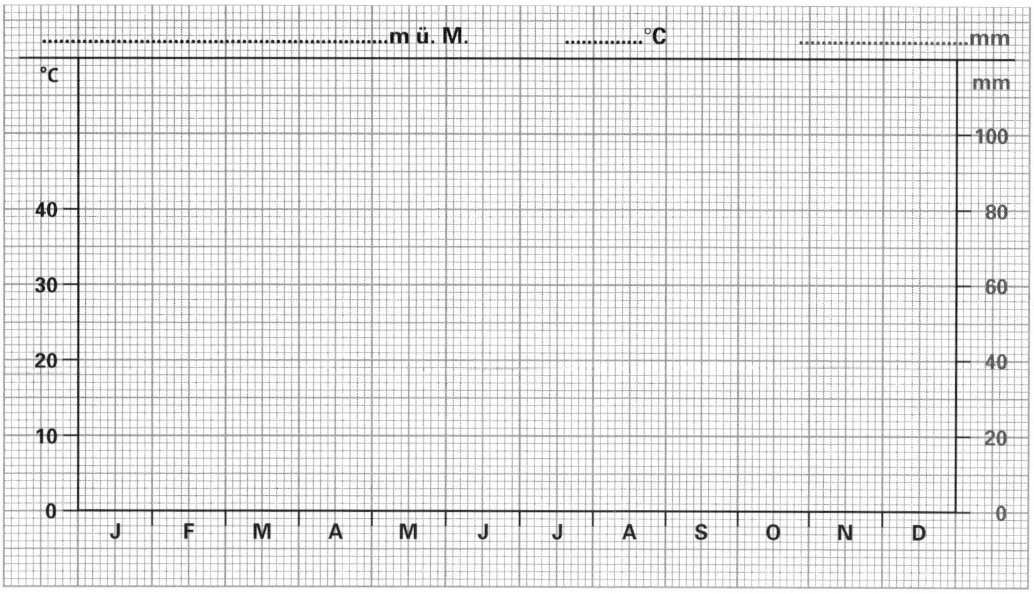

2 *Werte das Klimadiagramm aus.*

Höhe der Station: ____________________

Mittlere Jahrestemperatur/Kältester und wärmster Monat: ____________________

____

Jahresschwankung der Temperatur: ____________________

Jahresniederschlag/Monat mit den niedrigsten und höchsten Niederschlägen: ____________________

____

____

Beschreibung des Temperaturverlaufs und Verteilung der Niederschläge: ____________________

____

____

____

❶ *Zeichne das Klimadiagramm der Station B und berechne die mittlere Jahrestemperatur und den Jahresniederschlag.*

	J	F	M	A	M	J	J	A	S	O	N	D
°C	-5	0	8	15	21	25	27	26	21	14	5	-3
mm	15	3	13	5	8	5	10	8	3	3	5	8

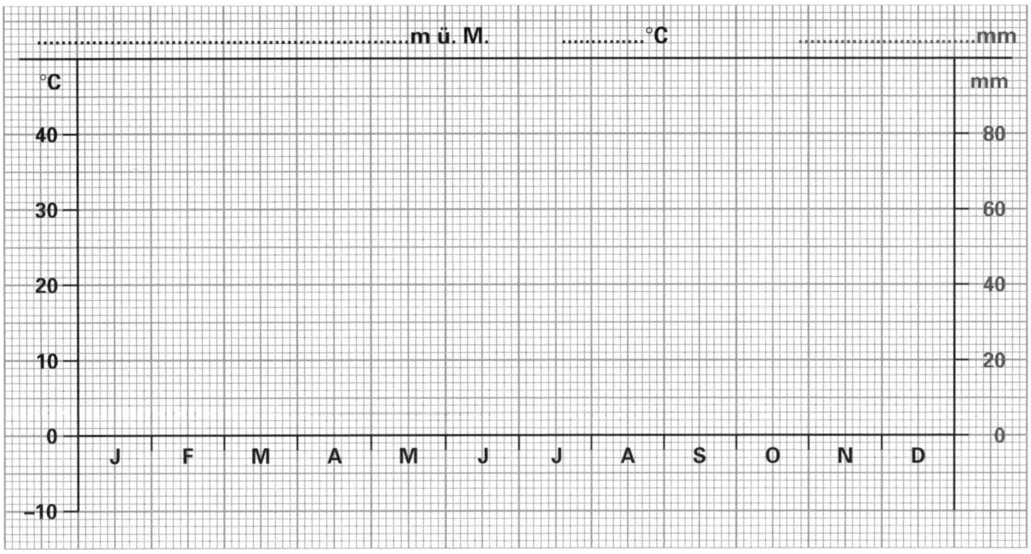

❷ *Werte das Klimadiagramm aus.*

Höhe der Station: ______

Mittlere Jahrestemperatur/Kältester und wärmster Monat: ______

______

Jahresschwankung der Temperatur: ______

Jahresniederschlag/Monat mit den niedrigsten und höchsten Niederschlägen: ______

______

______

Beschreibung des Temperaturverlaufs und Verteilung der Niederschläge: ______

______

______

______

❸ *Ordne die Klimadiagramme den Stationen In-Salah (Sahara) und Kashi (Taklimakan) zu und begründe die Zuordnung.*

______

______

1 *Führe das Experiment durch.*

Experiment: Artesischer Brunnen

Vorbereitung des Experimentes
Material: zwei Stative mit Trichterhalterungen, zwei Kunststofftrichter, Labor-Wasserschlauch von ca. 80 cm Länge, Nagel, kleine Gießkanne, Wasser, Kunststoffwanne

Durchführung: Trichterhalterungen an die Stative montieren, Trichter einsetzen, die Schlauchenden über die Trichterenden ziehen, Nagel in der Mitte des Schlauches durch eine Schlauchwand bohren, Wasser mit der Gießkanne in die Trichter einfüllen; den Nagel herausziehen und den Weg des Wassers beobachten.

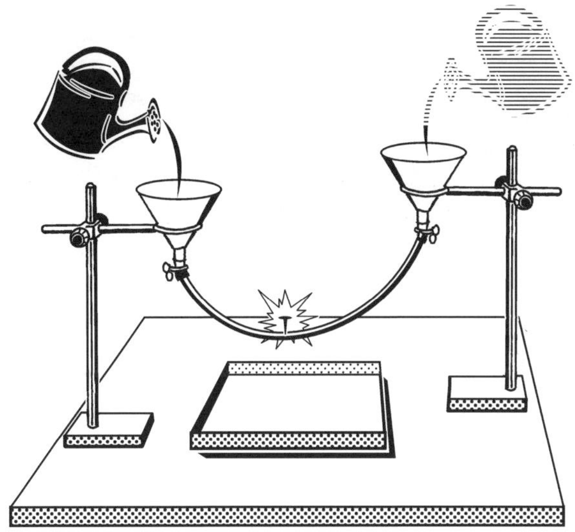

2 *Beschrifte die Abbildung und beschreibe die Funktionsweise dieser Wassergewinnung.*

3 *Nenne und erläutere die Möglichkeiten der Wassergewinnung in der Sahara.*

Art des Wasser-vorkommens	Art der Wasserförderung

Die Nebelfischer von Chungungo **Arbeitsblatt**

❶ *Beschrifte die Skizzen. Füge den passenden Text an der richtigen Nummerierung ein. Die Buchstaben ergeben in der richtigen Reihenfolge das Lösungswort:*

Nebelbildung über dem kalten Wasser **L** der Nebel zieht auf das Land in die Höhe **A** Nebelnetze zur Wassergewinnung **F** die erwärmte Luft steigt auf **N** Humboldtstrom **E** kaltes Tiefenwasser steigt auf **R** Sammelleitung für das Wasser mit Wasserreservoir **E** Luftströmung **D** Wasserzuleitung zu den Häusern **U**

Situation nach Sonnenaufgang

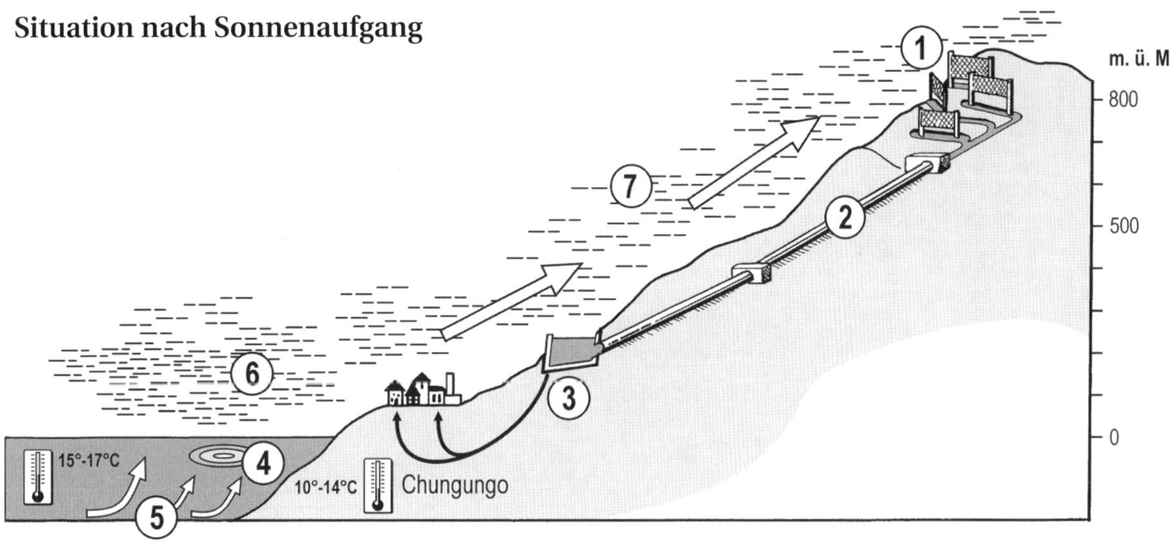

1. ______________________
2. ______________________
3. ______________________
4. ______________________
5. ______________________
6. ______________________
7. ______________________

Situation am späten Vormittag

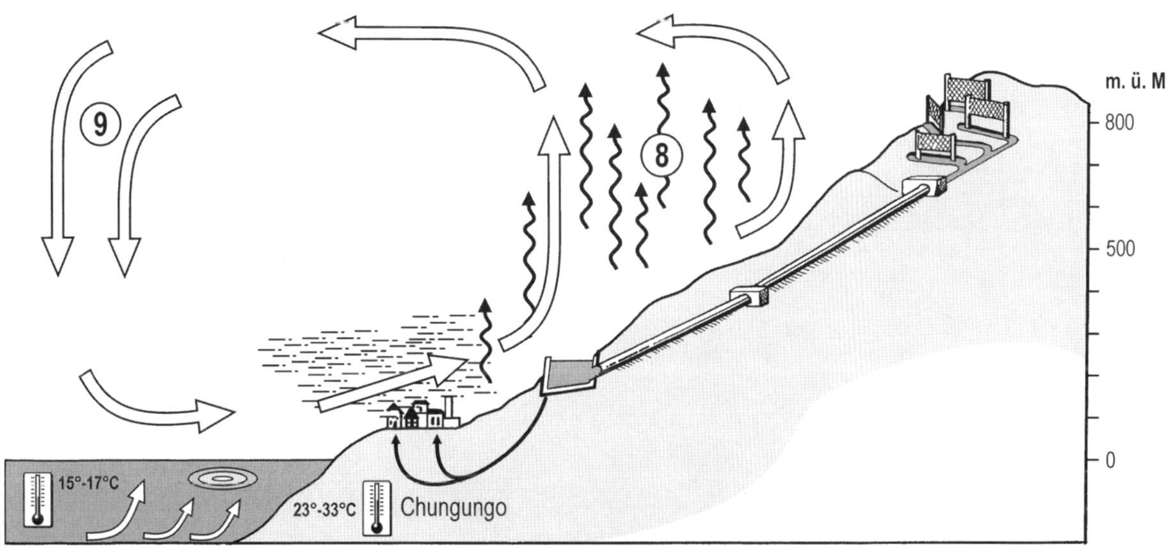

8. ______________________
9. ______________________

❶ *Kombiniere richtig und verbinde die Textkästen miteinander. Das Lösungswort zeigt dir, ob du richtig gearbeitet hast. Das Informationsblatt enthält erste Informationen.*

1 Oasen sind grüne Inseln	„Brotbaum" der Oasen. **W**
2 Die Oasensiedlung liegt	aufragen, spenden Schatten für Anpflanzungen. **N**
3 Palmen, die bis zu einer Höhe von 12 bis 30 Metern	hat die traditionellen Fördertechniken verdrängt. **O**
4 In den Oasengärten gibt es	im weiten „Meer" der Wüste. **R**
5 Die Dattelpalme gilt als	der Größe des Besitzes entspricht. **E**
6 Hast du Datteln in den Taschen,	am Rande des Oasengartens. **U**
7 In vielen Oasen nutzt man Grundwasser,	Oasen die Gärten des Lebens. **S**
8 Becken- und Furchenbewässerung sind	sind dicht aneinander gebaut. **R**
9 Das Bewässerungswasser wird so verteilt, dass es	Obst, Gemüse, Getreide und Futterpflanzen geerntet. **A**
10 Die Häuser in der älteren Oasensiedlung	hast du immer was zu naschen. **A**
11 Der Einsatz von Motorpumpen zur Förderung von Grundwasser	weitverbreitete Formen der künstlichen Bewässerung. **S**
12 In den Oasengärten werden neben Datteln auch	das aus großen Tiefen gefördert wird. **S**
13 Im Meer ohne Wasser sind	verschiedene grüne Stockwerke. **D**

Lösung:

G														**E**
	1	2	3	4	5	6	7	8	9	10	11	12	13	

1 *Führe das Experiment durch. Notiere die Beobachtungen.*

Experiment: Bodenversalzung
Material: drei flache Schalen, Bodenproben, Ziegelstein, Kochsalz, Wasser, Fön.
Durchführung: Schale 1 und 2 mit Bodenproben füllen. Den Boden in Schale 1 mit Regenwasser, den Boden in Schale 2 mit salzhaltigem Wasser begießen. In Schale 3 ebenfalls salzhaltiges Wasser einfüllen und einen Ziegelstein hineinlegen. Dieser dient als Bodenersatz, damit du den kapillaren Wasseraufstieg besser beobachten kannst. Die drei Schalen in die Sonne stellen. Falls es schneller gehen soll, mit einem Fön warme Luft über die Schalen blasen. Beobachte und notiere die Ergebnisse.

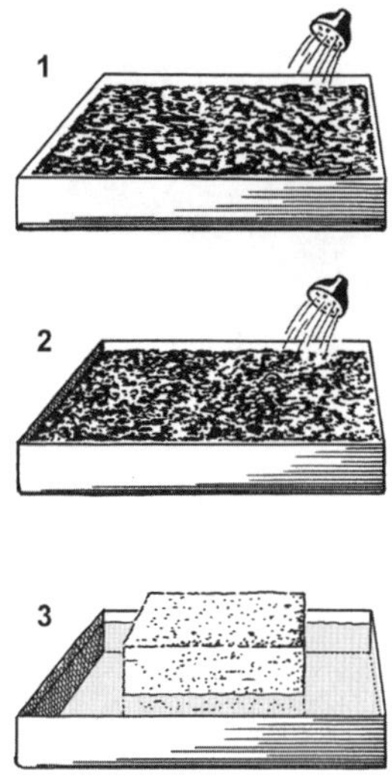

2 *Arbeite mit den Abbildungen.*

Wasserhaushalt in Bewässerungsgebieten

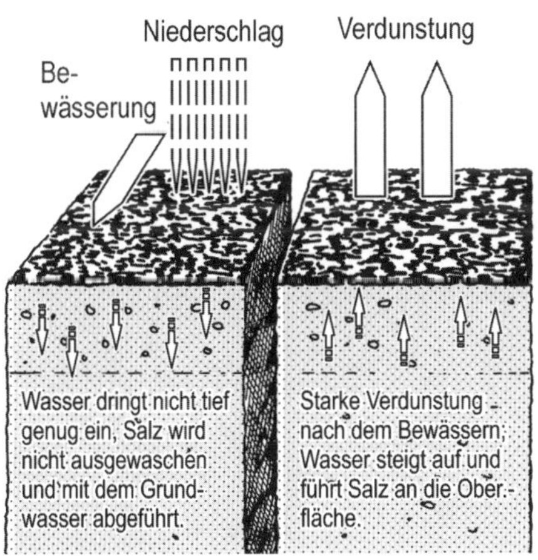

Eine Maßnahme gegen die Versalzung

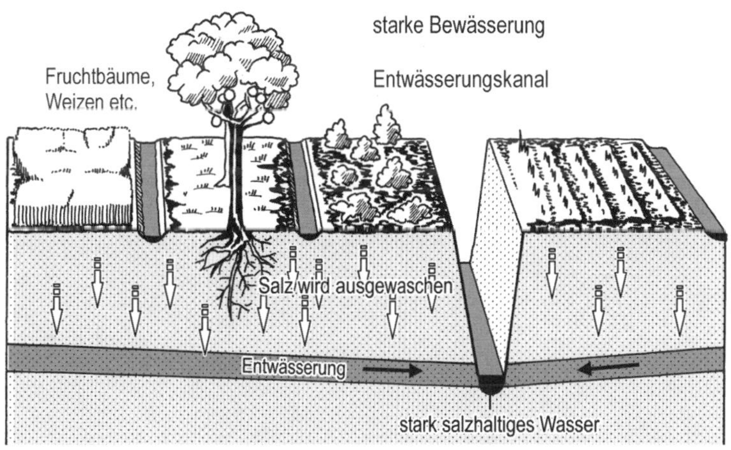

a) „Mit dem Wasser kommt das Salz.“ Erkläre den Vorgang der Versalzung.

b) Erläutere die Maßnahme gegen Versalzung im Bewässerungsfeldbau.

❶ *Ergänze die unten stehenden Sätze und finde das Lösungswort heraus.*

„Mit dem Kopf im Feuer, mit den Füßen im Wasser“. Solche Verhältnisse liebt die Dattelpalme. Um an das Grundwasser heranzukommen, besitzt sie lange Pfahlwurzeln. Am Übergang zwischen Stamm und Krone wachsen ihre Fruchtstände mit den süßen Datteln. In einem Jahr kann eine große Palme bei guter Pflege 50 bis 100 Kilogramm Datteln liefern. Datteln kommen in verschiedenen Arten vor und unterscheiden sich in Farbe, Größe und Form. Aber alle sind mehr oder weniger länglich-oval. Die Früchte der Dattelpalme sind ein wertvolles Nahrungsmittel.
In den Oasengärten spendet sie Schatten. Die Palmwedel werden zu Zäunen verarbeitet. An Festtagen dienen sie im Islam, aber auch im Christentum zu religiösen Zwecken. Die Blätter können zu Körben und Matten geflochten werden. Der Stamm ist von Bast umhüllt. Ihn kann man zu einer Faser spinnen und daraus Seile, Matten oder Behältnisse herstellen.
Der Stamm selbst ist ein wichtiger Lieferant für Bauholz, denn davon gibt es in der Wüste sonst wenig.

1. Aus Palmblättern stellt man __ __ __ __ __ __ her.
   2
2. Reife Datteln schmecken besonders
   __ __ __ __.
   8
3. Der Stamm besitzt keine __ __ __ __ __.
   4
4. Die Blätter der Dattelpalme befinden sich an einem __ __ __ __ __.
   5
5. Sie hat besonders lange __ __ __ __ __ __ __ __ __ __.
   6 3
6. Der Stamm ist von __ __ __ __ umhüllt.
   7
7. Im __ __ __ __ __ __ __ __ __ __ der Dattelpalme
   9
   wachsen Sträucher und Gemüse.
8. Den Kopf der Dattelpalme nennt man die
   __ __ __ __ __.
   10
9. So hat es die Dattelpalme am liebsten:
   Den Kopf im __ __ __ __ __ der Sonne, die Füße im Wasser.
   11

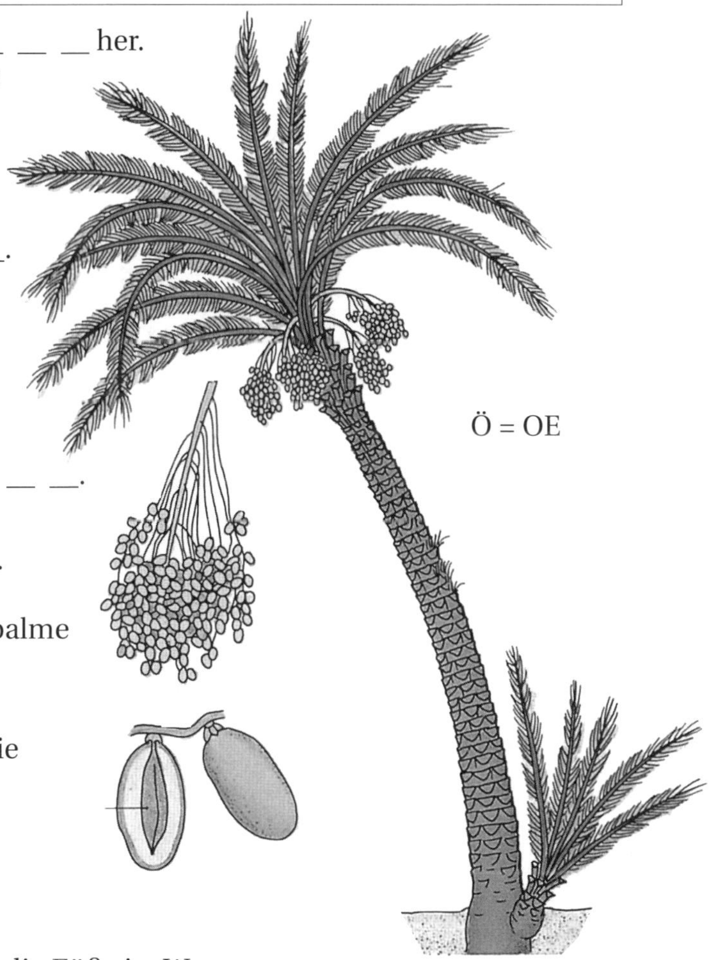

Ö = OE

G ☐ ☐ ☐ ☐ ☐ ☐ ☐ ☐ ☐ ☐
2 3 4 5 6 7 8 9 10 11

❶ *Das Kamel eine Fülle körperlicher Anpassungen an seinen extremen Lebensraum. Trage die wichtigsten Körpermerkmale und deren Anpassungsmerkmal in die Tabelle ein.*

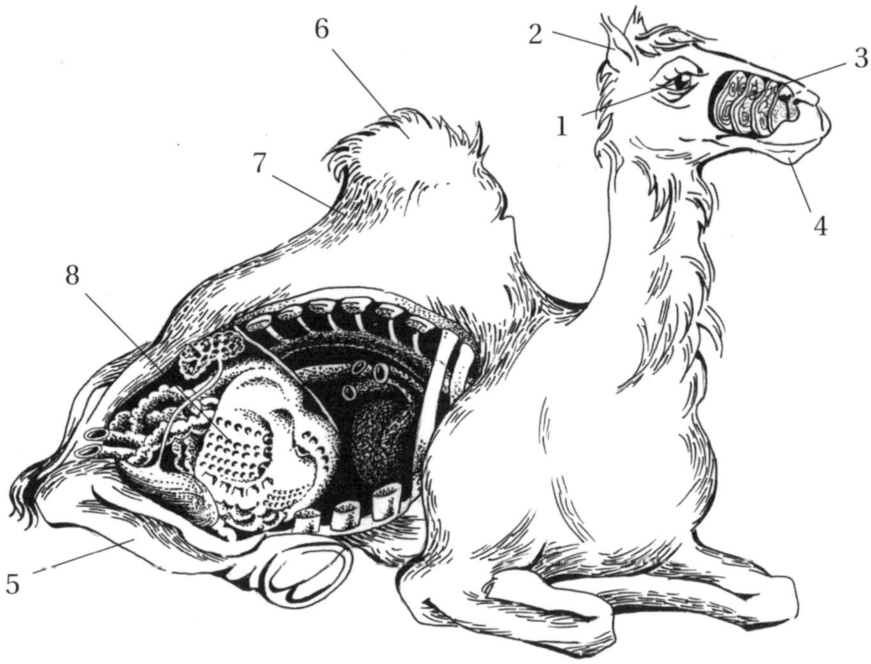

	Körpermerkmal	Anpassungsmerkmal
1		
2		
3		
4		
5		
6		
7		
8		

❷ *Welchen Nutzen zieht der Mensch aus dem Tier?*

___

___

___

1 *Ergänze die Aussagen und füge die grau umrandeten Buchstaben zu dem Lösungswort zusammen.*

1. In einem von ☐☐☐☐ Vormägen speichert das Kamel seinen Wasservorrat.
2. Die Milch des Kamels ist besonders ☐☐☐☐☐☐☐☐.
3. Die tellerförmigen Füße haben dicke ☐☐☐☐☐☐☐☐☐☐☐☐☐.
4. Hinter der Nase hat das Kamel eine Art ☐☐☐☐☐☐☐☐☐☐☐.
5. Im Höcker wird ☐☐☐☐ gespeichert.
6. Aus Kamelhaaren werden ☐☐☐☐☐☐ hergestellt.
7. Bei Staubstürmen produziert das Kamel viele ☐☐☐☐☐☐☐ in den Augen.
8. Der Kameldung dient dem Menschen als ☐☐☐☐☐☐☐☐☐☐☐☐☐

❶ *Informiere dich über das Volk der Tuareg anhand des Textes und höre dazu Musik der Gruppe Tartit.*
Die Karte zeigt das Verbreitungsgebiet der größten Tuareg-Gruppen. Bestimme mithilfe des Atlas die Staaten, in denen sie leben, und ergänze die Karte.

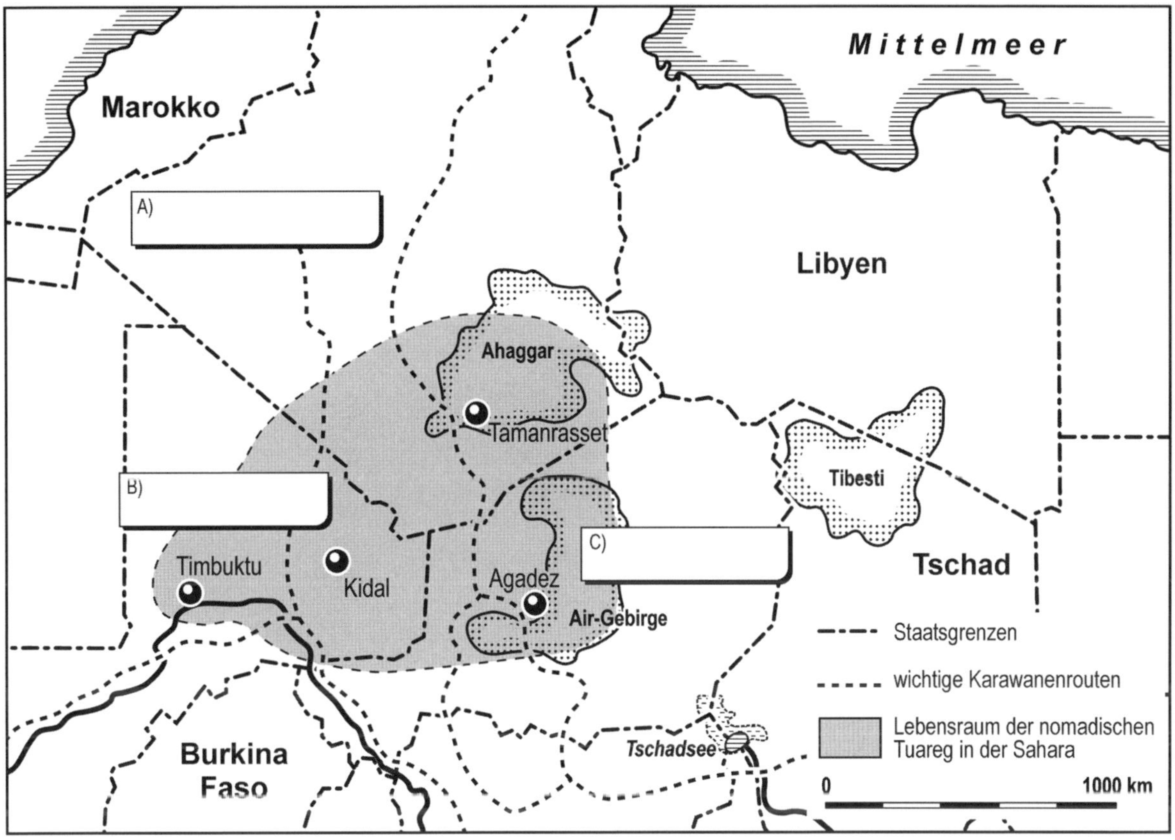

❷ *Stelle die wichtigsten Informationen zu den Tuareg unter Berücksichtigung folgender Aspekte zusammen:*

Herkunft	
Gesellschaftsordnung	
Rollenverteilung Mann – Frau	
traditionelle Lebens-grundlage	

❶ *Lass die Tuareg über die Veränderungen ihrer Lebenssituation sprechen. Schreibe kurze Sprechblasentexte und präsentiere diese an der Pinnwand.*

❶ *Informiere dich mithilfe der Informationsblätter und des Atlas und ergänze das Arbeitsblatt.*

Wer?			
Sein/Ihr Land heißt …			
Der Name des Orts ist …			
Die Wüste ist die …			
So ist das traditionelle Leben:			
Das hat sich verändert:			

Der Nil – ein Fremdlingsfluss

❶ *Arbeite mit der Karte und notiere die Namen der Städte 1 bis 4, der Gewässer a bis e und der Staaten A bis C.*

1	______________	a	______________	e	______________
2	______________	b	______________	A	______________
3	______________	c	______________	B	______________
4	______________	d	______________	C	______________

❷ *Gestalte die Karte farbig. Differenziere die Farben nach Höhe der Jahresniederschläge.*

❸ *Ergänze den Lückentext.*
Folgende Silben und Zahlen helfen dir dabei: bie – blaue – cken – del – ge – fluss – fremd – ka – lings – meer – mit – nil – rak – ße – ta – ta – te – te – tel – tro – wei – 66 – 71.

Von der Quelle des Kagera, südwestlich des Viktoriasees, bis zur Mündung ins ____________ ist der Nil mit ______ km der längste Fluss der Erde. Bei Khartoum vereinigen sich der ______ Nil und der ______ Nil. Die zwei großen Quellflüsse transportieren Wasser aus niederschlagsreichen Gebieten Ost- und Zentralafrikas in die ______________ des Sudans und Ägyptens, wobei der Beitrag des Weißen Nils zum Nilwasser viel geringer ist als der des Blauen Nils. Einen solchen Fluss, der aus niederschlagsreichen Gebieten kommt und durch Trockengebiete ohne weitere Zuflüsse ganzjährig Wasser führt, nennt man ________________.

Zwischen Khartoum und Assuan durchbricht der Nil sechs Höhenzüge aus hartem Gestein, die ______________. Nördlich von Kairo beginnt das große Mündungsgebiet des Nils mit den beiden Hauptarmen Rosette und Damiette. Es ist das ________, eine Flussmündung mit einer dreiecksähnlichen Form.

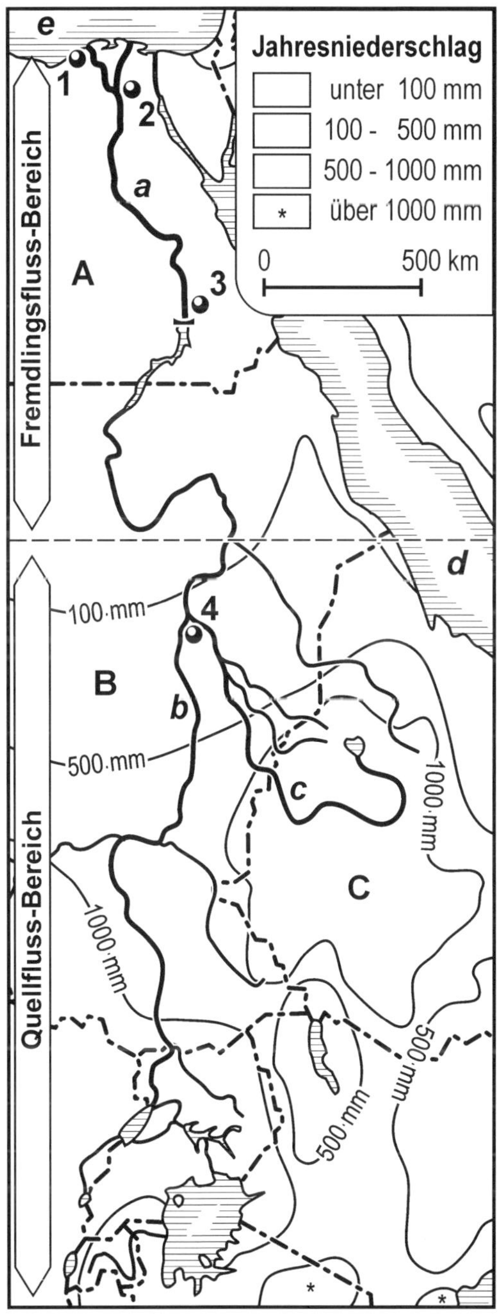

1. *Übertragt die Karte des Nils mithilfe des Overheadprojektors auf einen großen Bogen Packpapier an der Wand.*
2. *Ergänzt mithilfe des Atlas die Niloase mit ihrem intensiven Ackerbau.*
3. *Zeichnet wichtige Anbaufrüchte als Symbole ein.*

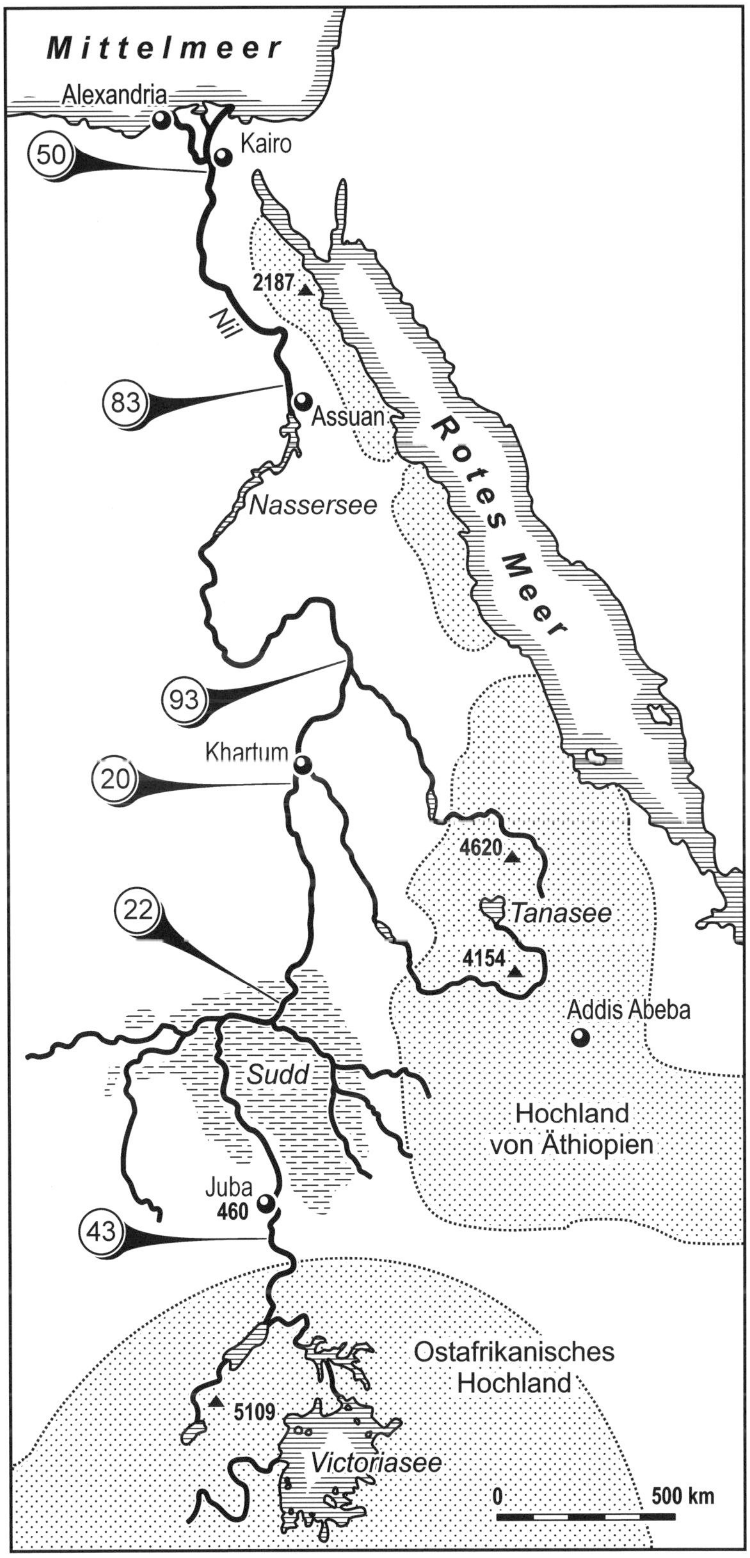

50 durchschnittlicher Abfluss des Nils in km^3 je Jahr

Sumpf

❶ *Findet die Quelle des „Weißen Nils“ (Vorsicht: Namensänderungen!).*
❷ *Beschreibt und erklärt das Klima von Juba.*
❸ *Vergleicht die durchschnittlichen Abflussmengen südlich und nördlich des Sudd. Erklärt den Unterschied.*
❹ *Erklärt, weshalb das Wasser des Weißen Nils bei Karthum kaum Schwebstoffe (Schlamm) enthält.*
❺ *Klärt gemeinsam mit dem Team „Blauer Nil“ die Frage, wodurch die Nilschwelle (Nilhochwasser) verursacht wird.*

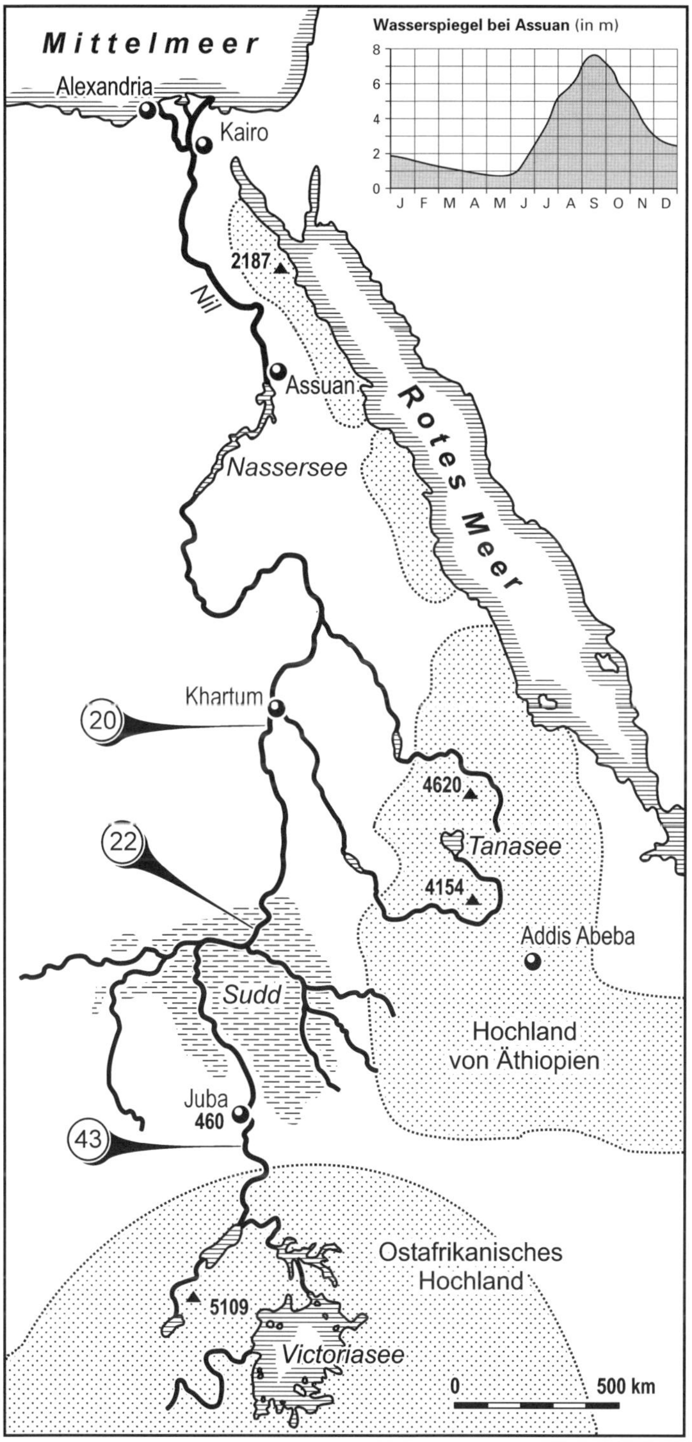

Der Sudd (arab. Hindernis) ist eine 200 000 km² große Sumpflandschaft im Südsudan. Während der Regenzeit steht das Wasser so hoch, dass die Dörfer nur mit dem Boot erreicht werden können. Der Sudd ist Lebensraum für viele Wildtiere, Krokodile, Nilpferde, Schlangen und Elefanten. Das Wasser des Nils saugt er wie ein Schwamm auf. Verteilt auf großer Fläche versickert und verdunstet das meiste Wasser. Der Rest fließt gleichmäßig übers Jahr ab. Der Nil verlässt den Sudd als klarer Fluss. Schwebstoffe haben sich im Sumpf abgesetzt.

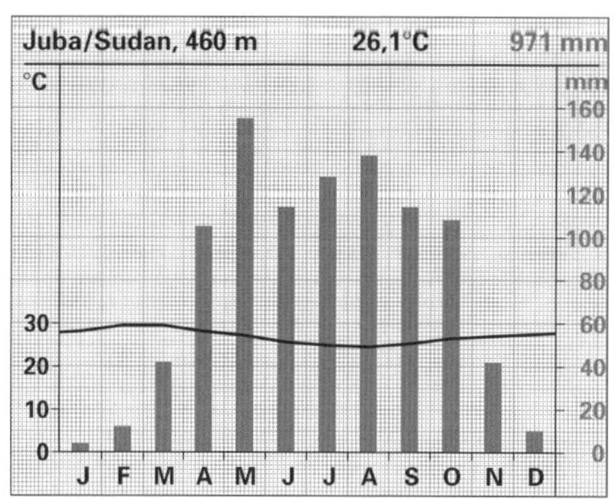

durchschnittlicher Abfluss des Nils in km³ je Jahr

Sumpf

❶ *Findet die Quelle des „Blauen Nils“.*
❷ *Beschreibt und erklärt das Klima von Addis Abeba/Äthiopien.*
❸ *Vergleicht die durchschnittliche Abflussmenge des Weißen Nils bei Karthum mit der Abflussmenge nördlich von Karthum nach der Einmündung des Blauen Nils.*
❹ *Erklärt, weshalb der Blaue Nil so viel Schlamm mit sich führt.*
❺ *Klärt gemeinsam mit dem Team „Weißer Nil“ die Frage, wodurch die Nilschwelle (Nilhochwasser) verursacht wird.*

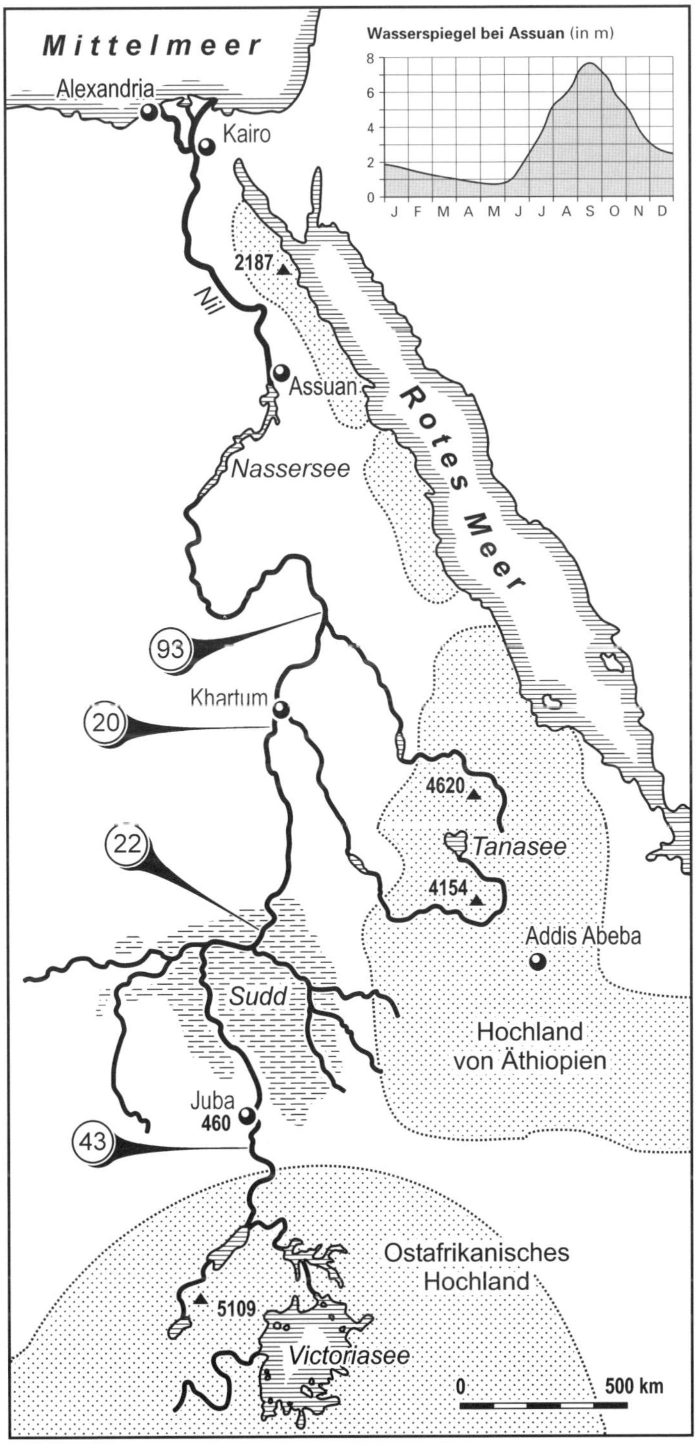

Das Hochland von Äthiopien ist zum großen Teil entwaldet. Holz ist der einzige Brennstoff. Die monatelange Hitze hat das Land ausgedörrt. Die Äcker liegen ohne schützende Vegetationsdecke. Die spärliche Humusschicht ist staubig, die Erde darunter beinhart gebrannt. Der nun einsetzende Starkregen kann nicht in den Boden eindringen. Er fließt in Sturzbächen nutzlos die Hänge hinab und reißt den fruchtbaren Humus mit, spült ihn in den nächsten Fluss zum Blauen Nil: Bodenerosion. „Unsere Äcker liegen in Ägypten“, klagen die hilflosen Bauern.

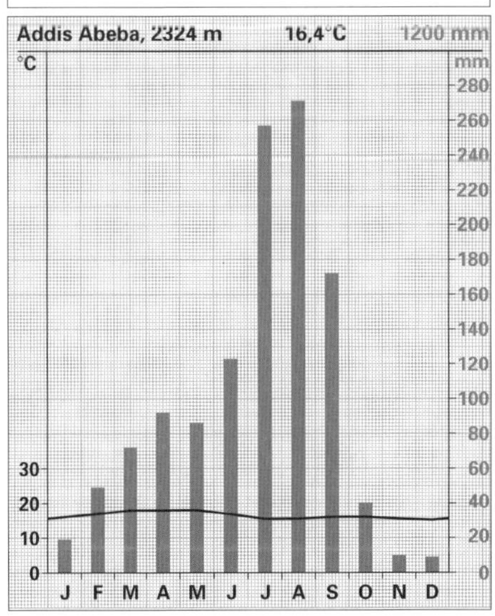

durchschnittlicher Abfluss des Nils in km³ je Jahr

Sumpf

Agententeam „Unterer Nil“ — Arbeitsblatt

❶ *Untersucht den Verlauf des Nils und seiner Nebenflüsse von Karthum bis zur Mündung ins Mittelmeer.*
❷ *Beschreibt und erklärt das Klima von Assuan.*
❸ *Vergleicht die durchschnittlichen Abflussmengen des Nils von Karthum flussabwärts.*
❹ *Erklärt die Unterschiede.*
❺ *Beschreibt den Wasserstand des Nils bei Kairo früher und heute. Findet eine Erklärung.*

Wasserstand des Nils bei Kairo (in m)

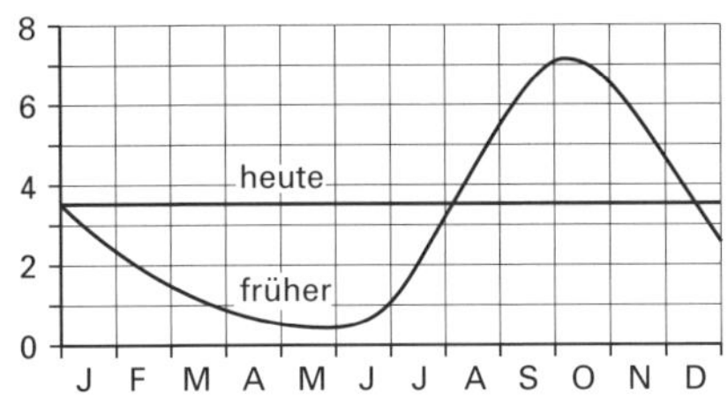

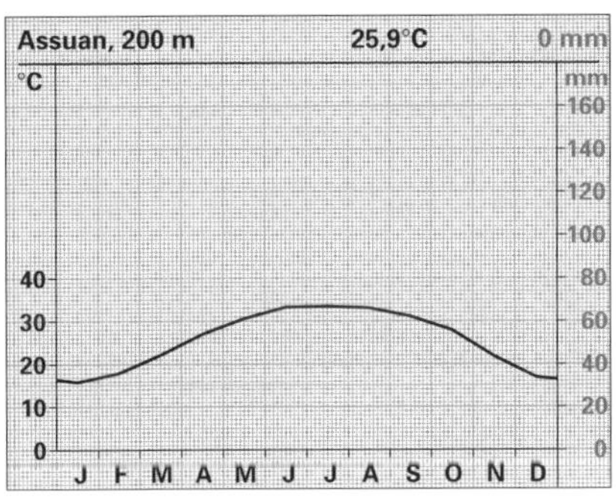

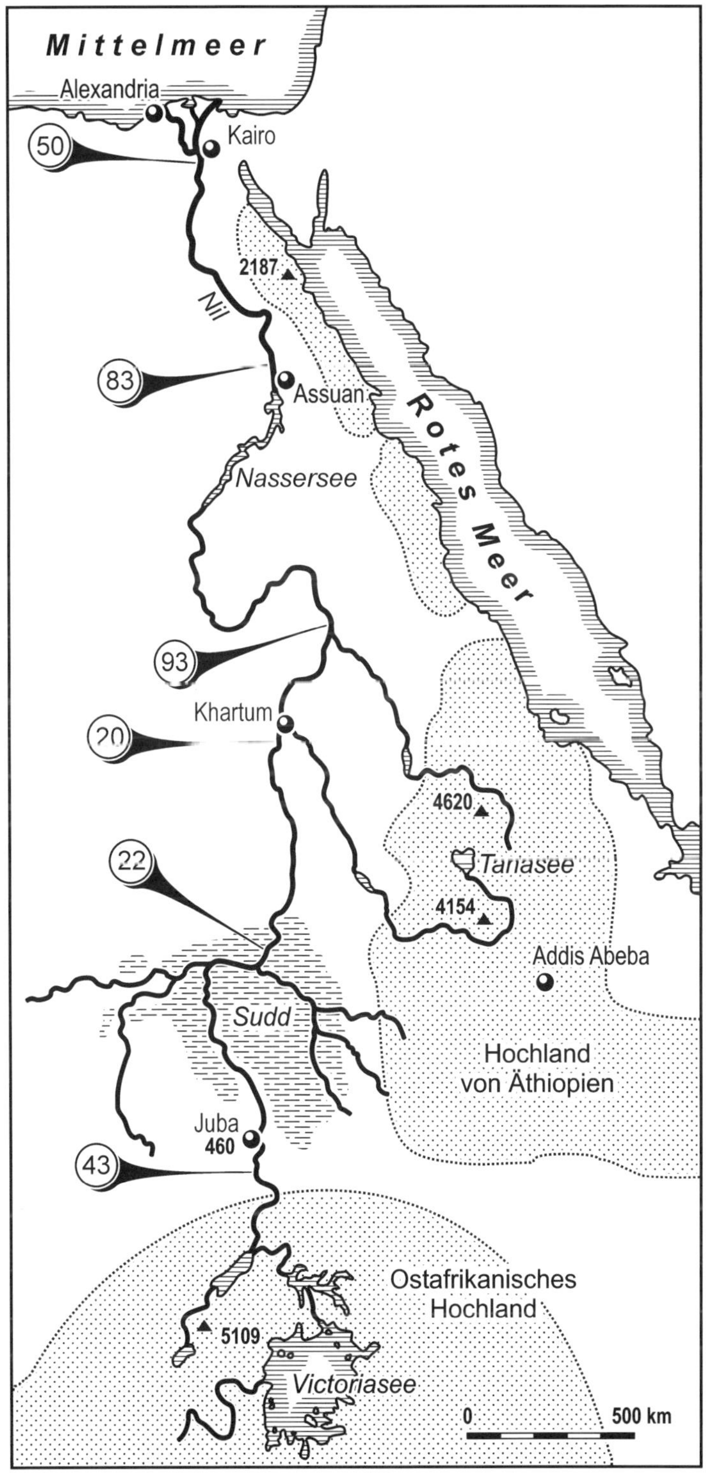

durchschnittlicher Abfluss des Nils in km³ je Jahr

Sumpf

❶ *Charakterisiert die verschiedenen Phasen der Bewässerungswirtschaft in der Niloase.*
❷ *Erklärt, worin jeweils der Fortschritt der neuen Phase besteht.*
❸ *Stellt eure Ergebnisse in einer Tabelle dar.*

Die Klimaänderung vor etwa 10 000 Jahren, am Ende der letzten Eiszeit, ließ die ehemals fruchtbare Sahara zur Wüste werden. Die Menschen zogen sich ins Niltal zurück und wurden sesshafte Bauern.
Denn das Nilhochwasser führt große Mengen fruchtbarer Schwebstoffe mit, die auf dem überschwemmten und durchfeuchteten Flächen als schwarzer Nilschlamm zurückbleiben.
Deshalb wurde bereits in der **Jungsteinzeit** hier Ackerbau betrieben. Nach der Flut wurden die Felder bestellt. Ihre Größe schwankte von Jahr zu Jahr beträchtlich, da die Überflutung der Felder allein vom Hochwasserstand des Nils abhing. Ein regelmäßiger, großflächiger Anbau war dabei nicht möglich.

Mit der Einführung der Beckenbewässerung **vor etwa 5 000 Jahren** begann die organisierte Bewässerungskultur auf großen Flächen. Zwischen Fluss und Wüste wurde das Land durch drei bis vier Meter hohe künstliche Dämme in einzelne Becken eingeteilt. Von einem flussaufwärts gelegenen Punkt wurde dann ein Kanal gegraben, der jeweils mehrere Becken versorgte. Zur Zeit der Überschwemmung ragten nur die Dämme und die auf flachen Erhebungen liegenden Dörfer aus dem Wasser heraus. In Jahren mit niedriger Flutung konnten viele Becken überhaupt nicht gefüllt werden, und das Land ging in dem betreffenden (mageren) Jahr für den Anbau verloren. Die Bewässerung höher gelegener Felder war mit dem Schaduff möglich.
Der Beginn der Nilschwelle fiel ungefähr mit dem Tag zusammen, an dem der hellste Stern, der Sirius, nach langer Zeit wieder sichtbar wurde. Diesen Tag (15. Juni) bestimmte man deshalb zum Neujahrsfest. Bis Ende September verwandelte der Nil dann das Tal in einen einzigen See, wusch die Salze aus dem Boden und lagerte Schlamm ab. Wenn ab Oktober das Wasser wieder fiel, kam die Saat in den Boden. Pflügen und säen fand gleichzeitig statt. Man warf den Samen auf den feuchten Schlamm und arbeitete ihn mit dem Pflug ein. Anschließend trieb man Ziegen über das Feld, die den Boden wieder fest traten.

Am **Anfang des 19. Jhd.**, als Ägypten eine britische Kolonie war, begann die Ausbreitung der ganzjährigen Bewässerung. Das Hauptproblem war dabei, dass im Frühjahr und Frühsommer das Wasser im Flussbett des Nils sehr niedrig stand. Seit 1820 begann man, die Kanäle zu vertiefen, um so das Eintreten des Nilwassers zu erleichtern. Aus diesen tiefen Kanälen wurde das Wasser mithilfe von Schöpfrädern, oft aus Holz mit aufgebundenen Tonkrügen, auf die Felder gehoben. Zahlreiche Schöpfräder liefen automatisch, angetrieben durch die Strömung in den Kanälen, andere wurden von Tieren angetrieben. Außerdem erhöhte man den Niedrigwasserstand durch den Bau von mehreren Wehren und durch den alten Assuandamm. Die verbesserte Wasserversorgung ermöglichte auf zusätzlichen Flächen den Anbau von pflanzlichen Rohstoffen, besonders Baumwolle für die britische Textilindustrie.

Durch die gewaltige Speicherkapazität des Nassersees konnte **nach 1971** das traditionelle System der Beckenbewässerung mit nur einer Ernte pro Jahr aufgegeben und die Dauerbewässerung eingeführt werden. Nun können bis zu drei Ernten pro Jahr erzielt und zusätzlich 500 000 ha Land genutzt werden. Auch der viel Wasser verbrauchende Anbau von Reis und Zuckerrohr ist jetzt möglich.

6/9

❶ *Erklärt die Aufgabe des Nilwächters von Assuan.*
❷ *Beschreibt die Funktionsweisen der Bewässerungstechniken.*
❸ *Erklärt, weshalb die über 4000 Jahre alte Schaduff-Technik heute noch, trotz moderner Pumpen, häufig in Gebrauch ist.*

Der Nilwächter von Assuan

Unterhalb der Stromschnellen von Assuan liegt mitten im Strom eine Insel mit einem Tempel, in den Felsen hineingeschlagen, verborgen vor neugierigen Blicken. Im Inneren steigt Nebis, der Priester, dreimal täglich die steile Treppe zum Nil hinab. In den Seitenwänden sind Messstäbe eingelassen. Sorgsam kontrolliert er den Wasserstand des Nil. Seit gestern ist der Pegel kräftig gestiegen, die Nilschwelle kommt. Endlich. Nebis steckt ein Steintäfelchen mit der entsprechenden Wasserstandsmarkierung in einen Beutel und eilt zu Hori, der seit Tagen mit seiner Barke wartet, um die Nachricht ans gegenüberliegende Ufer zu bringen. Dort übergibt er sie einem Boten, der sofort, ohne ein Wort zu verlieren, losreitet. Pferde und Reiter wechseln mehrfach, bis die ersehnte Botschaft in den Haupttempel von Theben gelangt.

Gemeinsam mit dem Pharao verkündet der Hohepriester bei Sonnenaufgang des nächsten Tages im Auftrag der Götter das Kommen der Nilschwelle, am dritten Tage von nun an. Das Fest der Götter kann beginnen. Die Ägypter werden sich zu Hunderttausenden vor dem Amun-Tempel in Theben versammeln.

Währenddessen berechnen die Schreiber des Pharao anhand der Pegelstände die Ernteerträge voraus und legen die Steuern für dieses Jahr fest. Es wird ein fettes Jahr.

Ein Bauer bewässert sein Feld mit einem Schaduff

Archimedische Schraube

Wasserrad (Sakia)

7/9

Der Fluch des Nils hat nichts mit Pharaonen oder Grabräubern zu tun. Es handelt sich um ein Phänomen, das mit den veränderten Bewässerungsmethoden aufgetreten ist.

1. *Erklärt mithilfe eines Schaubildes, was mit dem Fluch des Nils gemeint ist.*
2. *Verdeutlicht den Zusammenhang zwischen dem Fluch des Nils und den geänderten Bewässerungsmethoden.*
3. *Über 50 % aller Ägypter sind an Bilharziose erkrankt. Erklärt diesen Sachverhalt.*

Der Fluch des Nils

Die Krankheit **Bilharziose** wird durch Saugwürmer (Egel) hervorgerufen. Im befallenen Menschen siedeln sie sich besonders in den Blutgefäßen der Harnblase und des Darms an, wo sie schwere schmerzhafte Entzündungen verursachen, begleitet von blutigem Harn und blutig-schleimigem Durchfall. Die Krankheit setzt die Arbeitsfähigkeit der Menschen stark herab und führt in vielen Fällen zum Tod.
In verseuchtem Wasser befinden sich reife Larven des Egels, sogenannte Cercarien. Kommt ein Mensch mit dem verseuchten Wasser in Berührung, bohren sich die Cercarien blitzschnell durch die Haut in den Menschen und wandern durch die Venen in den Darm und die Blase. Dort wachsen sie pärchenweise zu Egeln heran.
Das Weibchen legt Tausende von Eiern, die durch Kot und Urin ins Wasser gelangen. Aus den Eiern schlüpfen Wimpernlarven, die sofort in Wasserschnecken eindringen. In diesem Zwischenwirt vermehren sie sich durch Zellteilung und wachsen zu reifen Larven heran.
Diese Cercarien schlüpfen dann ins Wasser und können weitere Menschen befallen.

Früher spülte das Hochwasser regelmäßig die meisten Schnecken ins Meer, wo sie samt ihrer „Untermieter“ starben. Zudem trockneten nach dem Hochwasser die flachen Gräben schnell aus. Bei der heutigen ganzjährigen Bewässerung steht ständig warmes Wasser in den tiefen Bewässerungskanälen. Hier findet die Wasserschnecke ideale Lebensbedingungen und so konnte sie sich enorm ausbreiten.

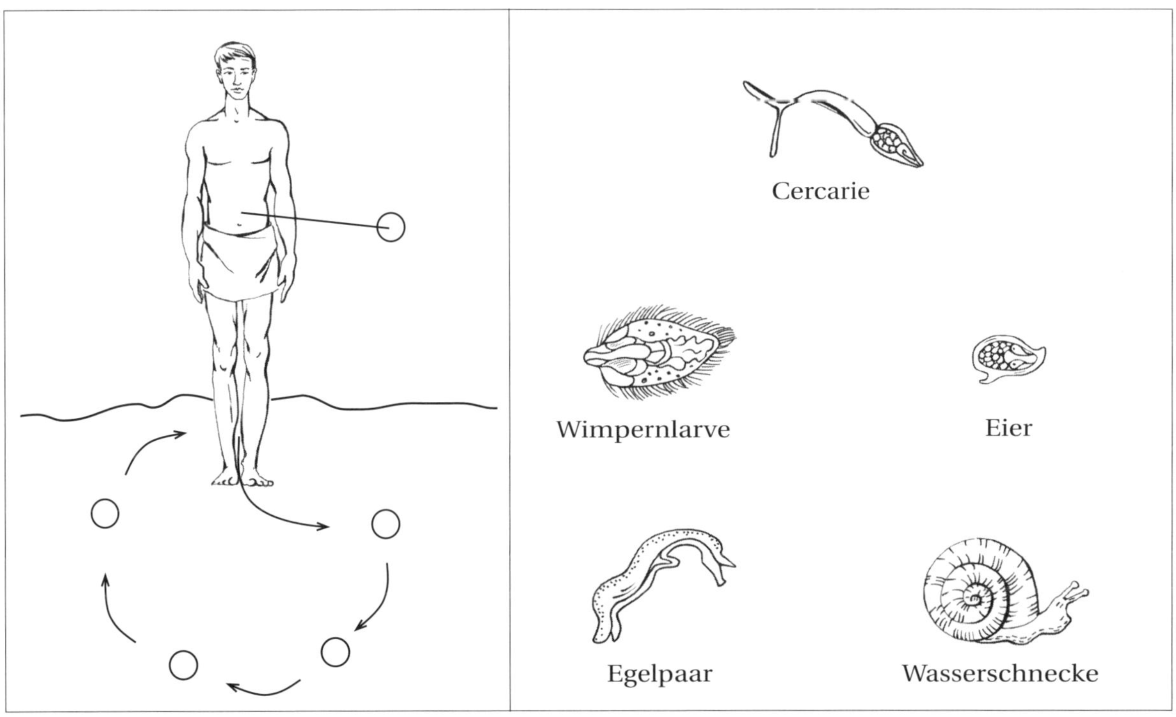

Untersucht, woran Ägypten „krankt“ und stellt die Fakten und Zusammenhänge in einer Skizze (einem Wirkungsgefüge) dar:

1. *Beschreibt, wie sich die Bevölkerungszahl Ägyptens und die landwirtschaftliche Nutzfläche pro Einwohner entwickelt haben.*
2. *Erklärt, welches existenzbedrohende Problem sich aus dieser Entwicklung ergibt.*
3. *Zeigt, wie der Staat versucht, die Ernährung der Bevölkerung zu sichern.*
4. *Sucht im Atlas die Oasen, in denen man neues Bewässerungsland gewinnen wollte und tragt sie in die Karte ein.*
5. *Überlegt, mit welchen Schwierigkeiten und Problemen man bei dem neuesten Projekt rechnen muss.*

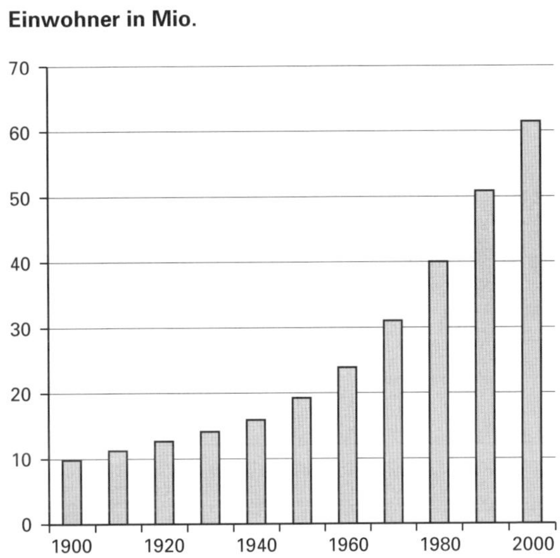

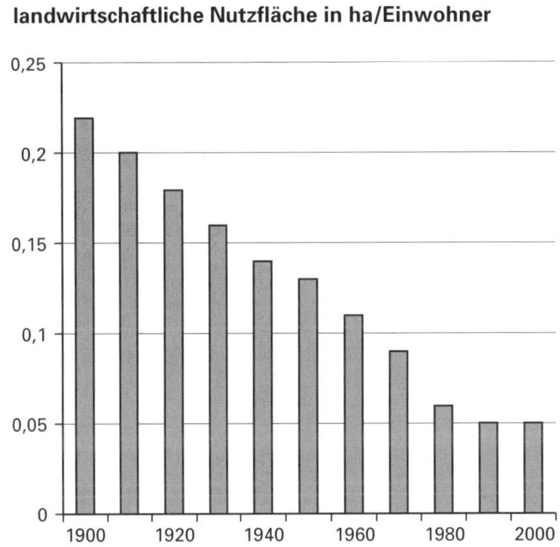

Ägypten (2000)
Fläche: ca. 1 Mio. km², davon 96 % Wüste
Bevölkerung: 61,4 Mio., davon 59 Mio. auf 3,5 % der Landesfläche (Niltal)

Ägypten steckt in einer schwierigen Lage. Zur Ernährungssicherung konnten im **Niltal** die Bewässerungsflächen ausgedehnt, das Bewässerungssystem verbessert und verstärkt Kunstdünger eingesetzt werden. Aber gleichzeitig ging durch Versalzung und für neue Siedlungen wertvolles Ackerland verloren.

Deshalb beschloss die Regierung das **„New Valley Projekt“**. Westlich des Nils liegen in einer talartigen Senke fünf Grundwasseroasen. Man begann bereits 1958 mithilfe von Tiefbrunnen Wasservorräte aus 800 m Tiefe zu fördern und neues Kulturland zu schaffen. Landlose Bauern aus dem Niltal wurden angesiedelt. Die Bilanz nach 40 Jahren war ernüchternd. 10 000 ha Neuland konnten erschlossen werden, 7 000 ha gingen jedoch durch Versalzung, Sandverwehungen und das Versiegen der traditionellen Brunnen verloren.

Nun soll ein neues Projekt 420 000 ha Wüste in fruchtbares Ackerland verwandeln. Man hat begonnen, den 800 km langen **Tushka-Kanal** zu bauen, mit dem große Wassermengen aus dem Nasser-See, jährlich 2,3 Mio km³, in die Kharga- und Dahkla-Oasen geleitet werden soll. Da das verarmte Ägypten ein so gewaltiges Projekt (Baukosten mindestens 690 Mrd. Euro) nicht bezahlen kann, soll es mithilfe ausländischer Geldgeber (z. B. aus Saudi-Arabien) finanziert werden.

Der Nil-Staudamm bei Assuan

Informationsblatt / Ausschneidebogen

Der Nil ist seit Jahrtausenden die Lebensgrundlage von Ägypten. Schon früh lernten die Menschen, seine schlammreiche Flut zu nutzen und in dem trockenen Land eine bedeutende Bewässerungswirtschaft aufzubauen. Je nach Intensität der Niederschläge im Hochland von Äthiopien waren die Ufergebiete des Nils von Überschwemmungs- oder Dürrekatastrophen betroffen. Bis ins 19. Jahrhundert nutzte man das klassische System der Beckenbewässerung, indem das Flutwasser in große Bassins geleitet wurde und nach dem Zurückgehen der Flut in den nun feuchten und vom Nilschlamm fruchtbaren Boden die Saat eingebracht wurde. Damit war aber nur eine Ernte pro Jahr möglich. Das rasche Wachstum der ägyptischen Bevölkerung und die Einführung des Baumwollanbaus machte eine bessere Nutzung des Nilwassers immer dringlicher. Man benötigte eine ganzjährige gleichmäßige Wasserführung des Nils.
Seit 1971 hält der Sadd el Ali-Staudamm die gesamte Nilflut im ca. 500 km langen Nasser-See zurück. Folglich war es möglich, die Anbaufläche erheblich zu erweitern, mehrere Ernten pro Jahr zu erzielen und elektrische Energie zu produzieren. Aber der Dammbau bringt nicht nur Vorteile, sondern auch Nachteile mit sich.

Schneide die Argumentationskarten aus und ordne sie dem Schema entsprechend zu. Überprüfe die richtige Zuordnung und klebe erst dann die Kärtchen auf.

Gewinnung von elektrischer Energie	Ansiedlung von Industrie
Verbesserung des Mikroklimas	Versetzen von Baudenkmälern
Anstieg des Grundwasserspiegels	Verbesserung der Binnenfischerei
Umsiedlung von vielen Menschen	Verbesserung des Schiffverkehrs
Geringere Sedimentation im Mündungsbereich	Durchgehender Anbau, mehrere Ernten möglich
Wasserreservoir für Trockenzeiten	Bilharziosegefahr nimmt zu
Künstliche Düngung der Felder notwendig	Fruchtbarer Schlamm bleibt im Stausee zurück
Versalzung der Böden nimmt zu	Erweiterung der Anbaufläche

Der Nil-Staudamm bei Assuan

Vorteile des Staudammes | **Nachteile des Staudammes**

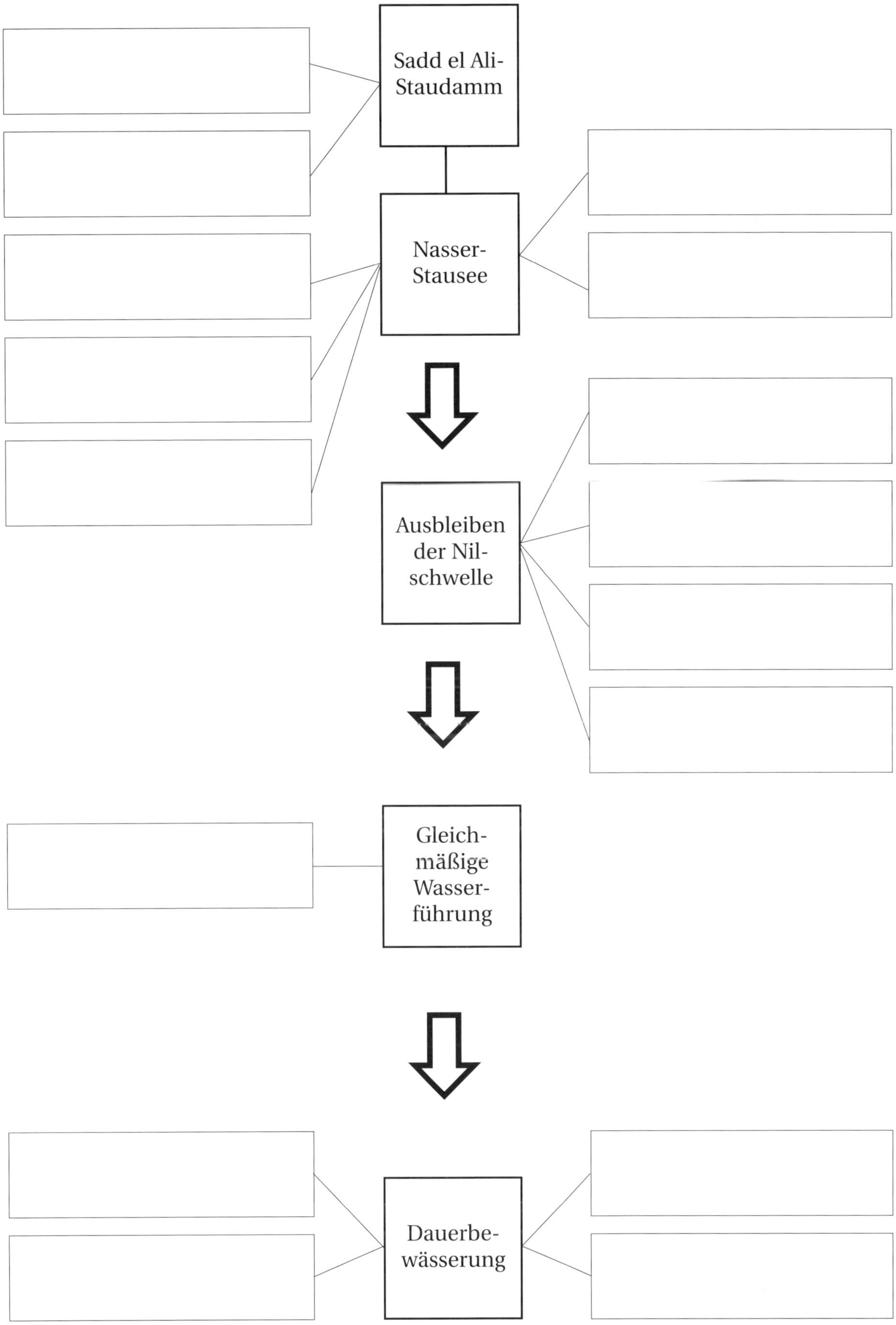

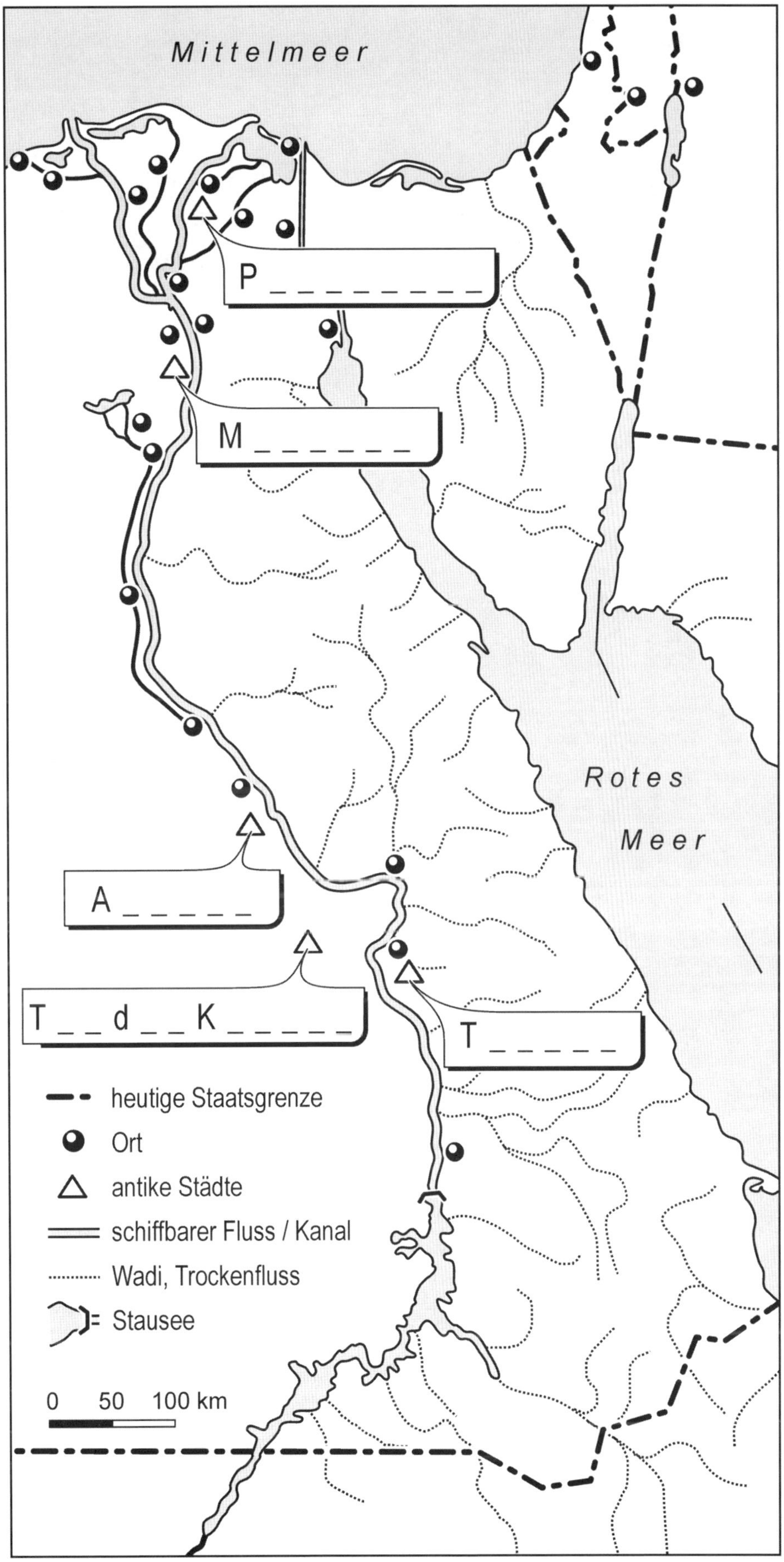
Mittelmeer
P _ _ _ _ _ _ _ _ _ _
M _ _ _ _ _ _ _
A _ _ _ _ _ _
T _ _ d _ _ K _ _ _ _ _ _
T _ _ _ _ _ _
Rotes
Meer
heutige Staatsgrenze
Ort
antike Städte
schiffbarer Fluss / Kanal
Wadi, Trockenfluss
Stausee
0 50 100 km

A

Der **Tempel der Hatschepsut** (1467–1445 oder 1479–1458 v. Chr.) liegt westlich von Theben bei dem Ort Deir el–Bahri. Es ist der Totentempel der Pharaonin, unter dem sich in 150 m Tiefe ihr Grab befindet. Der Bau erhebt sich aus der Ebene in drei Terrassen, die durch Rampen miteinander verbunden sind. Teile des Tempels sind direkt in den Fels geschlagen. Berühmt ist der Tempel unter anderem wegen der sogenannten „Punthalle". In den Stein geschlagene Felsbilder berichten vom Verlauf einer Schiffs-Expedition der Königin Hatschepsut in das Land Punt (heute Somalia), von wo sie mit reichen Schät-zen wie Gold und Weihrauch zurückkehrte.

Das **Delta** hat seine Geschichte im Nilschlamm vergraben, so weiß man bis heute wenig darüber. Fest steht, dass die Städte sehr alt sind und die wirtschaftliche Bedeutung der Region immer sehr hoch war. Das Delta war aber auch eine „schwache Stelle" in Ägypten, da es das Einfallstor für die Eroberer nach dem Neuen Reich war. So ist Alexandria eine Gründung der Griechen Alexander des Großen im Jahr 331 v. Chr. In der Zeit des späteren Neuen Reiches (1539–1075 v. Chr.) wurde die Hauptstadt Ägyptens von Theben nach Pi Ramesse ins Delta verlegt und die Region übernahm die Führungsrolle für ganz Ägypten. Später unter dem Einfluss der Ptolomäer und der Römer profitierte das Delta von der Lage zu den Zentren der klassischen Antike.

E

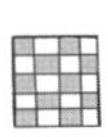

P

Die Cheopspyramide ist die größte der **Pyramiden** in Gise (Giza). Benannt ist sie nach dem Pharao Cheops (um 2620–2580 v. Chr.). Die Pyramiden stellten im Glauben weit mehr als nur ein Grab dar. An der Grenze zwischen furchtbarem Land und Wüste erbaut, sollte der tote Gottkönig aus dem Jenseits für sein Volk weiter sorgen. Die Grabstätten wurden reich ausgeschmückt und viele Grabbeigaben für ein Leben nach dem Tod beigelegt. Die Cheopspyramide hat eine Seitenlänge von 227,5 m und war 146,6 m hoch. Heute misst sie 137 m. Pyramiden findet man in unterschiedlichen Baustilen auch an anderen Orten in Ägypten. Pyramiden entstanden etwa zwischen 2700 bis 1550 v. Chr.

Die **Tempel von Abu Simbel** verdanken ihre Berühmtheit vor allem der Tatsache, dass sie von 1964–68 „umgezogen" sind. Sie drohten in den Fluten des aufgestauten Nassersees zu versinken. In einer unvergleichlichen Rettungsaktion wurden sie Stück für Stück abgetragen und ca. 200 m entfernt und 65 m höher wieder errichtet. Die Tempel stammen aus der Zeit Ramses II. (1279–1213 v. Chr.). Eindrucksvoll sind am „Großen Tempel" die 21 m hohen Kolossalstatuen von König Ramses, die in den Fels geschnitten wurden. Der Tempel ist so gebaut, dass zweimal im Jahr die Strahlen der aufgehenden Sonne durch die Eingangshalle und die Säulenhalle auf die Götterstatuen tief im Innern des Tempels fallen.

M

D

Die Stadt **Memphis,** die heute fast völlig verschwunden ist, war in der Frühzeit und im Alten Reich (2575–2150 v. Chr.) die Hauptstadt und das Verwaltungszentrum Ägyptens. Memphis bildete die Grenze zwischen Ober- und Unterägypten. Von der Größe der Stadt zeugt noch heute die Nekropole, der Friedhof, mit Pyramiden und Gräbern, die sich über Kilometer verteilen. Die Tempel der Stadt gehörten zu den bedeutendsten des ganzen Landes. Memphis war damals eine „Weltstadt". Hier waren viele Werkstätten ansässig und der Hafen zeugte davon, dass mit der damaligen Welt Handel betrieben wurde. Bis in die Römerzeit war Memphis ein wirtschaftliches und politisches Zentrum. Die Lage an der Spitze des Deltas war dafür bestens geeignet. Die Sphinx war eine Mischung aus Löwenkörper und Menschenkopf und verkörperte die Königsmacht. Sie wurde als Wächter der Tempelanlagen erbaut.

R

Das **Tal der Könige** und das **Tal der Königinnen** liegen westlich des Nils in der Wüste in der Nähe der alten Stadt Theben, der damaligen Hauptstadt. Die Täler liegen außerhalb der Stadt in der Wüste. Dort sind die Grabstätten mit Gängen, Treppen und Kammern tief in den Fels gehauen worden. Der Eingang ist meist nicht versteckt, sondern deutlich sichtbar. Eine Spezialeinheit der Polizei bewachte die Gräber. Die Wände sind mit reichen Bildern, die ganze Szenen darstellen, bemalt, die sich nur um das Leben nach dem Tod drehen. In der eigentlichen Grabkammer stand der Sarkophag, in der der mumifizierte Leichnam ruhte, umgeben von seinen Schätzen. In einem dieser Gräber ruhte Tutanchamun. Seine Totenmaske ist weltberühmt. Die Gräber entstanden zur Zeit des sogenannten Neuen Reichs von 1551 bis 1070 v. Chr.. Einen aktuellen Grabungsbericht und einen Grabrundgang findest du im Internet unter *www.KV5.com*.

Y

Die **Geschichte der Pharaonen,** der Könige Ägyptens, reicht zurück bis in das vierte Jahrtausend vor Chr. Doch aus dieser Zeit gibt es nur wenige Zeugnisse. Der früheste bekannte König wird Skorpion I. genannt. Sein Grab wurde erst 1988 in Abydos entdeckt. Er lebte um 3150 v. Chr. und in seinem Grab fand man die ältesten Schriftzeugnisse Ägyptens, die schon die Regeln der späteren Hieroglyphenschrift besitzen. Unter Narmer, einem Herrscher Oberägyptens um 3100 v. Chr., soll Ägypten erstmals zu einem Reich vereint gewesen sein. Dies „erzählt" Narmers Palette, die heute im ägyptischen Museum in Kairo aufbewahrt wird. Die politischen Strukturen und die Architektur wurden zu dieser Zeit entwickelt.

I

Theben war im so genannten Mittleren Reich 1975–1640 v. Chr. und eine Zeit im Neuen Reich von circa 1539–1075 v. Chr. die Hauptstadt Ägyptens. Die Stadt Theben umfasste das Gebiet der heutigen Städte Luxor und Karnak. Von den gewöhnlichen Häusern ist aus dieser Zeit nichts erhalten, da man Lehm als Baumaterial verwendete. Erhalten sind Teile der aus Stein gefertigten Tempel, die dem Gott Amun-Re geweiht waren. Amun, der Verborgene, war unter den Göttinnen und Göttern der ägyptische Windgott. Er vertrat die Unsichtbarkeit. In Theben wuchs er mit dem Sonnengott Re zusammen und wurde Götterkönig. Re war im Alten Reich (ca. 2575–2150 v. Chr.) z. B. zur Zeit Cheops Staatsgott.

2

5

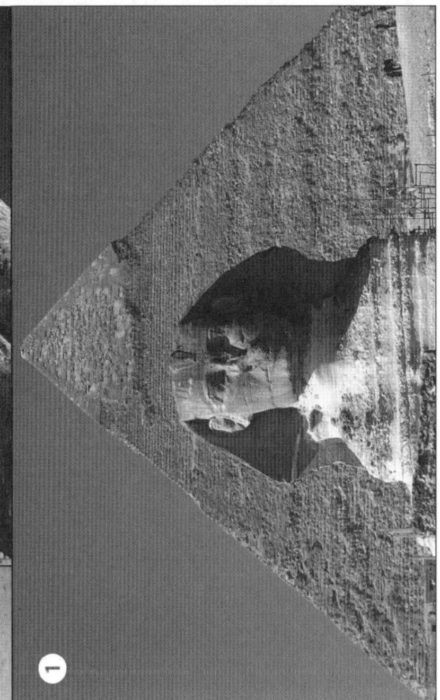
1

3

4

7

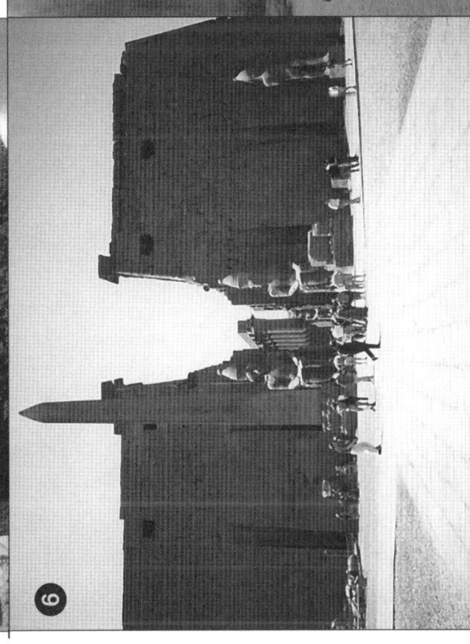
6

8

1 *Stelle fest, ob die Aussagen richtig oder falsch sind. Beginne bei Start. Ist die Aussage falsch, dann rücke in dieser Pfeilrichtung (〰→) voran; bei einer richtigen Aussage rücke in dieser Richtung (——→) weiter. Sammle auf deinem Weg die Großbuchstaben und trage diese für die Lösung bei 1 beginnend ein.*

Start

A Wadi ist ein Trockental in der Wüste.	**N** Atacama und Namib zählen zu den Küstenwüsten.	**A** Oase ist eine Siedlung in einer Wüste mit Bewässerungskulturen.	**T** In den Trockengebieten überwiegt die physikalische Verwitterung.
A In der Sahara gibt es sehr viele Fremdlingsflüsse.	**M** Der Wüstenfuchs mit den großen Ohren heißt Fennek.	**O** Die Tröpfchenbewässerung spart Wasser.	**A** Das Dromedar ist ein zweihöckriges Kamel.
E Schotts (Chotts) sind große Salz-Ton-Becken.	**G** Die Wüste Gobi zählt zu den Küstenwüsten.	**R** Die höchste Lufttemperatur mit 57,3 °C gab es in Al Aziziyah/Libyen.	**F** Die Sahara ist die flächengrößte Wüste.
T Die Sahara besteht größtenteils aus Sandwüste.	**O** Bei artesischen Brunnen wird das Wasser mit Motorpumpen gefördert.	**E** Die Bezeichnung Erg steht für die Sandwüste.	**N** Tutus sind ein Nomadenvolk im Ahaggar-Gebirge.
S Ein Barchan ist eine besondere Dünenform.	**Ü** Die Australischen Wüsten gehören zum Typ der Wendekreiswüsten.	**H** Pilzfelsen wachsen in Millionen von Jahren aus dem Boden.	**I** Die Atacama liegt an der Ostküste von Südamerika.
W Mit Hamada bezeichnet man eine Felswüste.	**E** Sesshafte Volksgruppen in Trockengebieten nennt man Nomaden.	**N** Die Mojave-Wüste liegt in Australien.	**E** **Ziel**

K

24	23	22	21		20	19	18	17	16		15	14	13	12		11	10	9	8		7	6	5	4	3	2	1

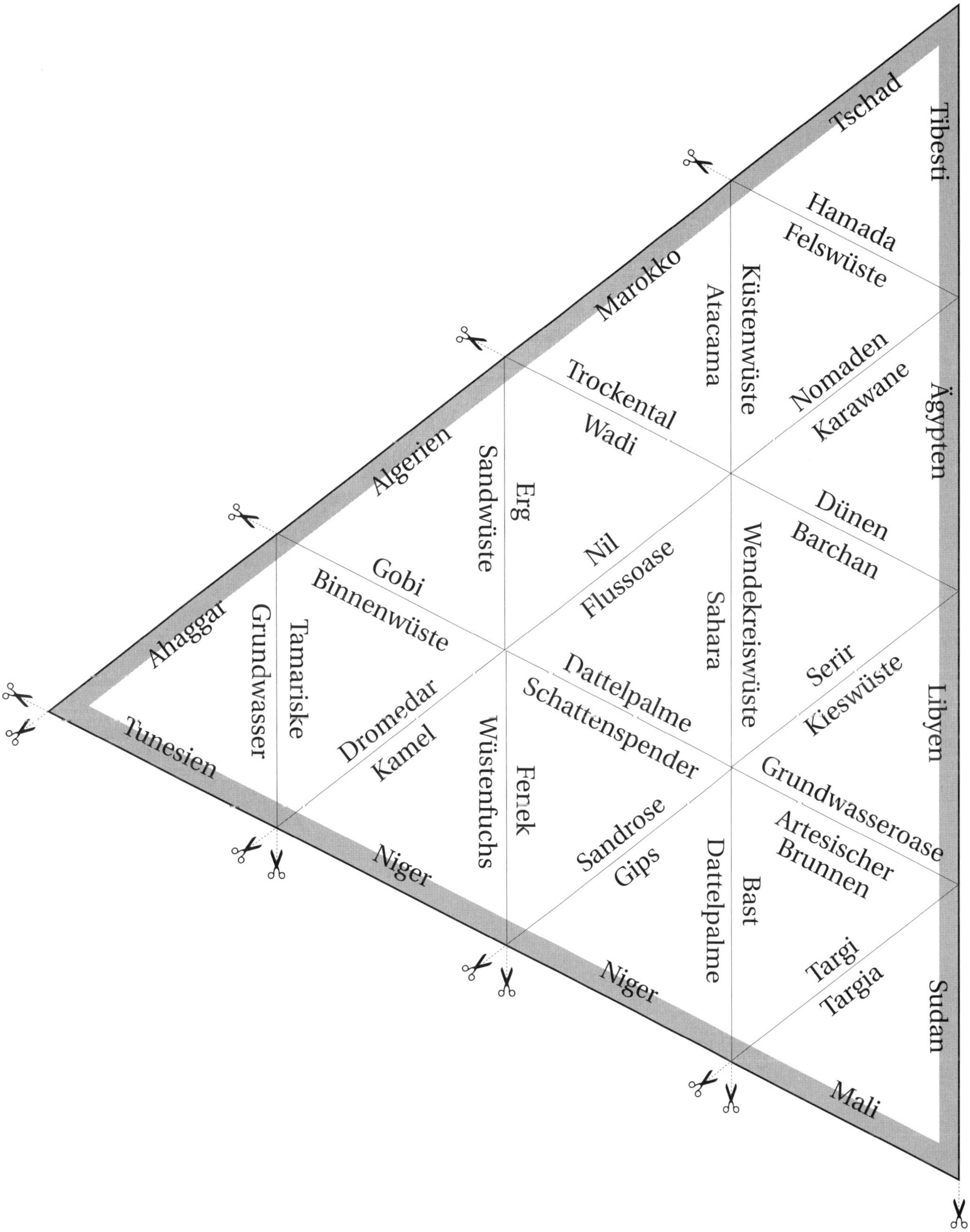
Tschad
Tibesti
Hamada
Felswüste
Marokko
Küstenwüste
Atacama
Nomaden
Karawane
Ägypten
Trockental
Wadi
Algerien
Sandwüste
Erg
Nil
Flussoase
Dünen
Barchan
Wendekreiswüste
Sahara
Gobi
Binnenwüste
Ahaggar
Grundwasser
Tamariske
Serir
Kieswüste
Libyen
Dattelpalme
Schattenspender
Dromedar
Kamel
Tunesien
Wüstenfuchs
Fennek
Grundwasseroase
Artesischer Brunnen
Sandrose
Gips
Dattelpalme
Bast
Niger
Niger
Targi
Targia
Sudan
Mali

Erdöl – ein Rohstoff aus der Wüste

Informations- und Arbeitsblatt

❶ *Lies die Beschreibungen der Erdölentstehung sorgfältig durch. Bringe die Aussagen in die richtige Reihenfolge.*
Ob du richtig gearbeitet hast, zeigt dir die Lösung.

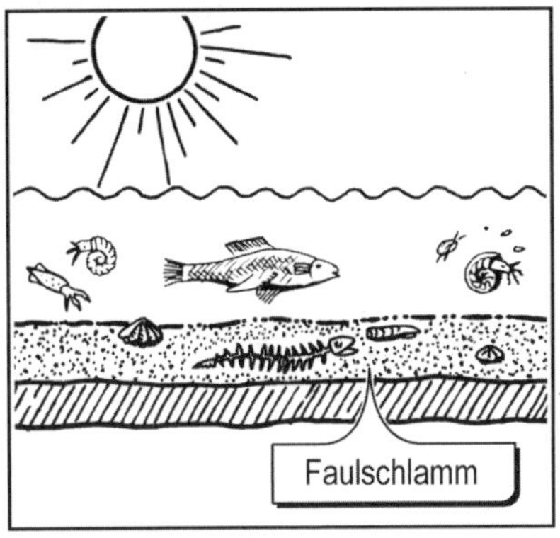

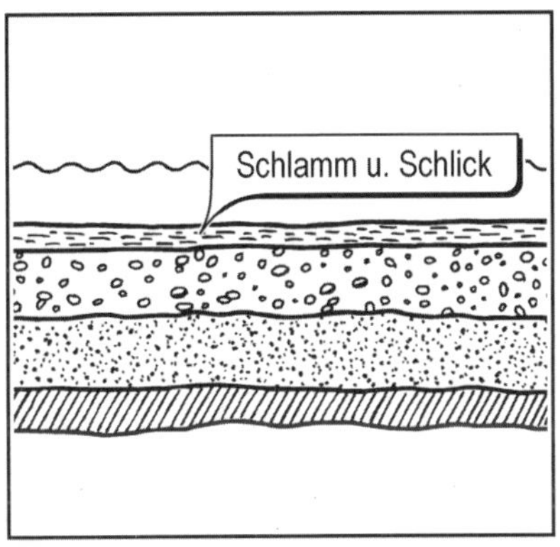

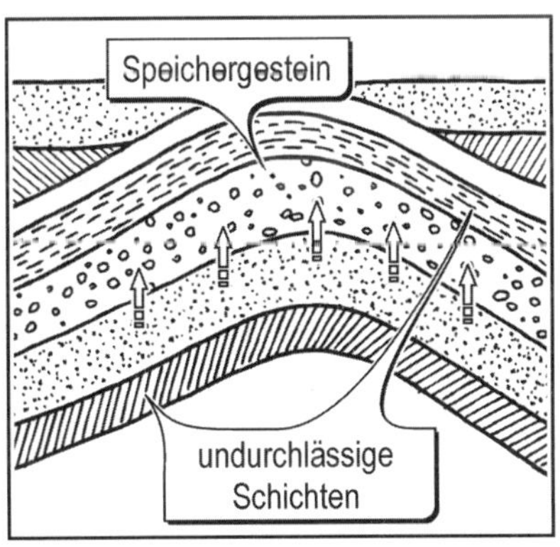

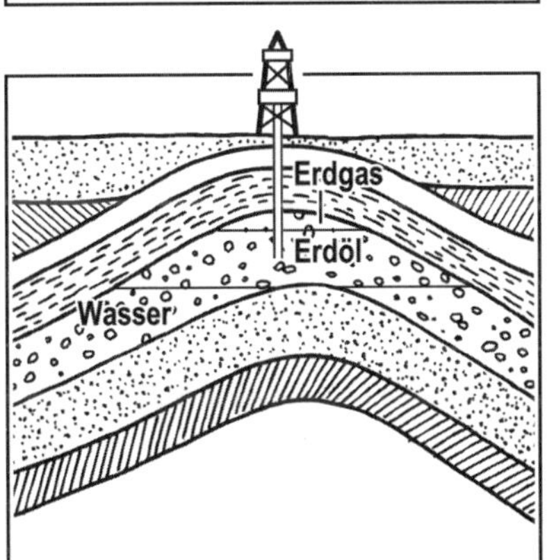

Genügt der Lagerstättendruck nicht oder lässt er im Laufe der Förderung nach, dann muss das Er**d**öl an die Erdoberfläche gepumpt werden.

Sie besiedelten vor Jahrmillionen in riesiger Anzah**l** k**ü**stennahe, flache Gewässer.

Zusammen mit Tonen, **S**anden und Kalken, die meist von Flüssen in die Gewässer verfrachtet wurden, bildete das abgestorbene Plankton mächtige, sauerstoffarme Faulschlammschichten.

Wenn das Weiterwandern durch undurchlässige Gesteinsschichten verhindert wird, reichern sich Erdöl und Erd**g**as in dem Speichergestein an und bilden eine Lagerstätte mit der typischen An**o**rdnung: Wasser, darüber Erdöl, darüber Erdgas.

Wahrscheinlich sind Erdöl und Erdgas aus den organischen Bestandteilen von winzigen Wassertieren und Wasserp**fl**anzen (= Plankton) entstanden.

Die abgestorbenen pflanzlichen und tierischen Mikroorganismen **s**anken auf den Grund der Gewässer.

Die winzigen Erdöltröpfchen und Erdgasteilchen wanderten unter dem Druck aus dem Erdölmuttergestein in porö**s**es Gestein (= Speichergestein).

Weitere Sed**i**mente überdeckten mit der Zeit die Faulschlammschichten, die dadurch **g**epresst wurden.

Wird das Erdö**l**speichergestein angebohrt, kann das Erdöl durch den Druck des begleitenden Erdgases und Wassers von selbst aus der Bohrmündung fließen.

Unter der Einwirkung von Druck, Wärm**e**, Bakterien und Katalysatoren wandelten sich die organischen Bestandteile der Faulschlammschicht in die Verbindungen des Erdgases und Erdöls um.

Chuquicamata (2 800 m): Größtes Kupferbergwerk der Welt, Tagebau: 4,5 km lang, 2,5 km breit, 500 m tief, jährliche Förderung: 500 000 t Kupfer, Bergwerkstadt für 25 000 Einwohner. **CH**	Etwa 300 000 t Abraum und 100 000 t Kupfererz werden täglich von 130 Monstertrucks mit je 1600 PS und einem Ladevermögen von 150 t aus dem Tagebau von Chuquicamata herausgebracht. QU	Um eine Tonne Kupfer zu erzeugen, werden 60 000 l Wasser gebraucht. Dieses wird von den über 100 km entfernten Andengletschern in die Wüste geleitet. Eine Kläranlage bereitet das Wasser zum großen Teil wieder auf. **A**	Unter den ariden Bedingungen konnte sich im Grundwasser gelöstes Kupfer ablagern und als Sekundärlagerstätte ansammeln. Der Kupfergehalt des Erzes beträgt nur 1,5 %. **U**
Das schwefelhaltige Erz wird unter Zusatz von Wasser zu Staub gemahlen. In riesigen Flotationsbecken wird das blaue Kupfersulfid vom Gesteinsbrei getrennt und abgeschöpft. **I**		Das Kupfersulfid wird in großen Schmelzöfen zu Kupferplatten geschmolzen. Dabei gelangen große Mengen giftiger Schwefeldämpfe in die Luft. **C**	

Kaltes, nährstoffreiches Wasser vor der Küste bildet den idealen Lebensraum für Plankton, von dem riesige Fischbestände leben, die wiederum die Lebensgrundlage unzähliger Wasservögel bilden. **TA**	Im ganzjährig ariden Klima konnte sich in Jahrtausenden eine dicke Schicht Seevogelkot auf den Felsen entlang der Küste und auf den vorgelagerten Inseln ansammeln. **CA**	Der getrocknete Kot der Seevögel (Guano) ist ein hochwertiger Pflanzendünger. **A**	In der zweiten Hälfte des 19. Jahrhunderts kratzte man die mächtigen Guanoschichten von den Felsen, um den Dünger nach Europa zu exportieren. Auch heute wird Guano noch in geringeren Mengen gewonnen. **M**

1/4

Lithium entsteht bei der Verwitterung bestimmter vulkanischer Gesteine. Es wurde in Wasser gelöst, über Jahrmillionen von den Bergen in den Salar eingespült und dort angereichert, indem das Wasser verdunstete. **S**	55 % der Lithiumvorräte der westlichen Welt befinden sich im Salar de Atacama, einem abflusslosen Becken, in dem sich ein riesiger Salzsee befindet. A	Mit Pumpen wird das Lithium enthaltende Salzwasser in fußballfeldgroße Verdunstungsbecken gepumpt. Bei der Verdunstung des Wassers werden zunächst Steinsalz und Kalisalz (Mineraldünger) ausgefällt. **L**	Die übrige Sole, die pro Liter 43 gr. Lithium enthält, wird mit Tankwagen zur Weiterverarbeitung bei Antofagasta gebracht. Dort werden jährlich 6 300 t reines Lithium gewonnen (32 % der Weltproduktion). **AR**
Nur wenige Mitarbeiter werden benötigt: 88 in der Mine und 77 in der Aufbereitung und in der Verwaltung. **DE**	Lithium ist ein extrem leichtes Metall, gesucht in der Luft- und Raumfahrt, ist Werkstoff in Hochleistungsbatterien, dient als Kühlmittel und Strahlungsschutz in Kernkraftwerken und ist Rohstoff für Medikamente. A		
Weil es in der Atacama sehr heiß und extrem trocken ist, konnten sich große Mengen von Salpetersalzen an der Erdoberfläche bilden und ansammeln. **M**	Aus der Stickstoffverbindung Salpeter können Sprengstoffe und Düngemittel hergestellt werden. Um 1910 gewannen 170 Betriebe in der Atacama 90 % des Weltbedarfs an Stickstoff. A	Auf riesigen Flächen wurden die oberen Bodenschichten durchwühlt. Die Salpetersalze wurden mit extra gebauten Eisenbahnen zu den Exporthäfen gebracht. Über 200 000 Menschen lockte der Abbau in die Wüste. **T**	Nach 1930 konnte Stickstoff preiswerter industriell aus der Luft gewonnen werden. Der Salpeterabbau ging zurück, Arbeitslosigkeit führte zur Abwanderung der Bevölkerung. Heute gibt es nur noch zwei Abbaustellen. A

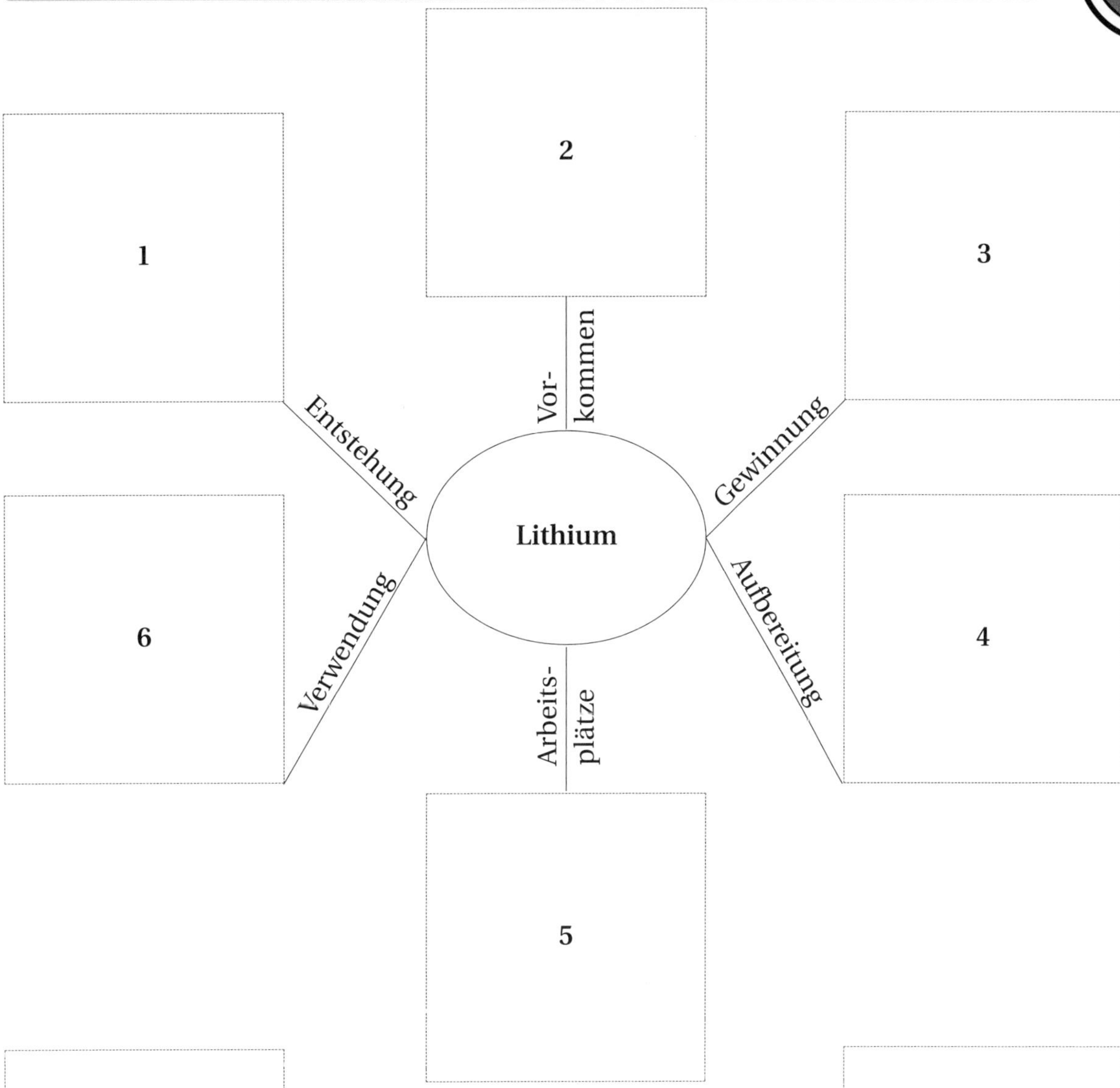

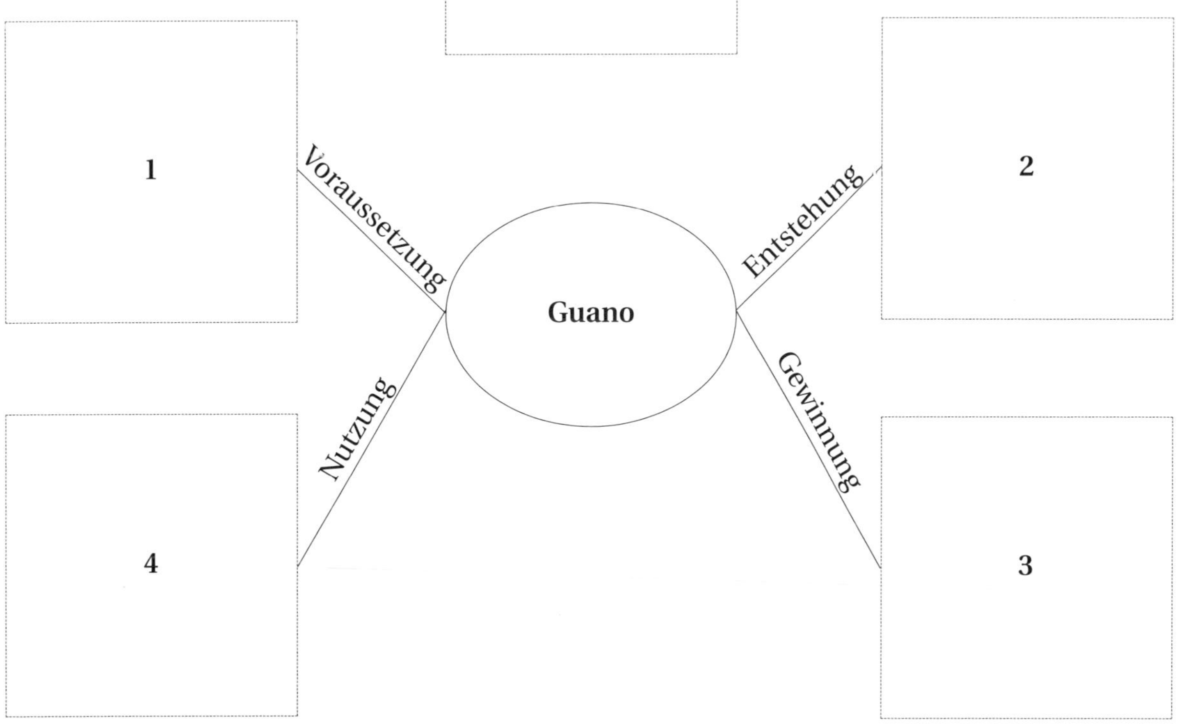

Lösungswort: _ _ _ _ _ _ _ _ _ _ _ _ _ _

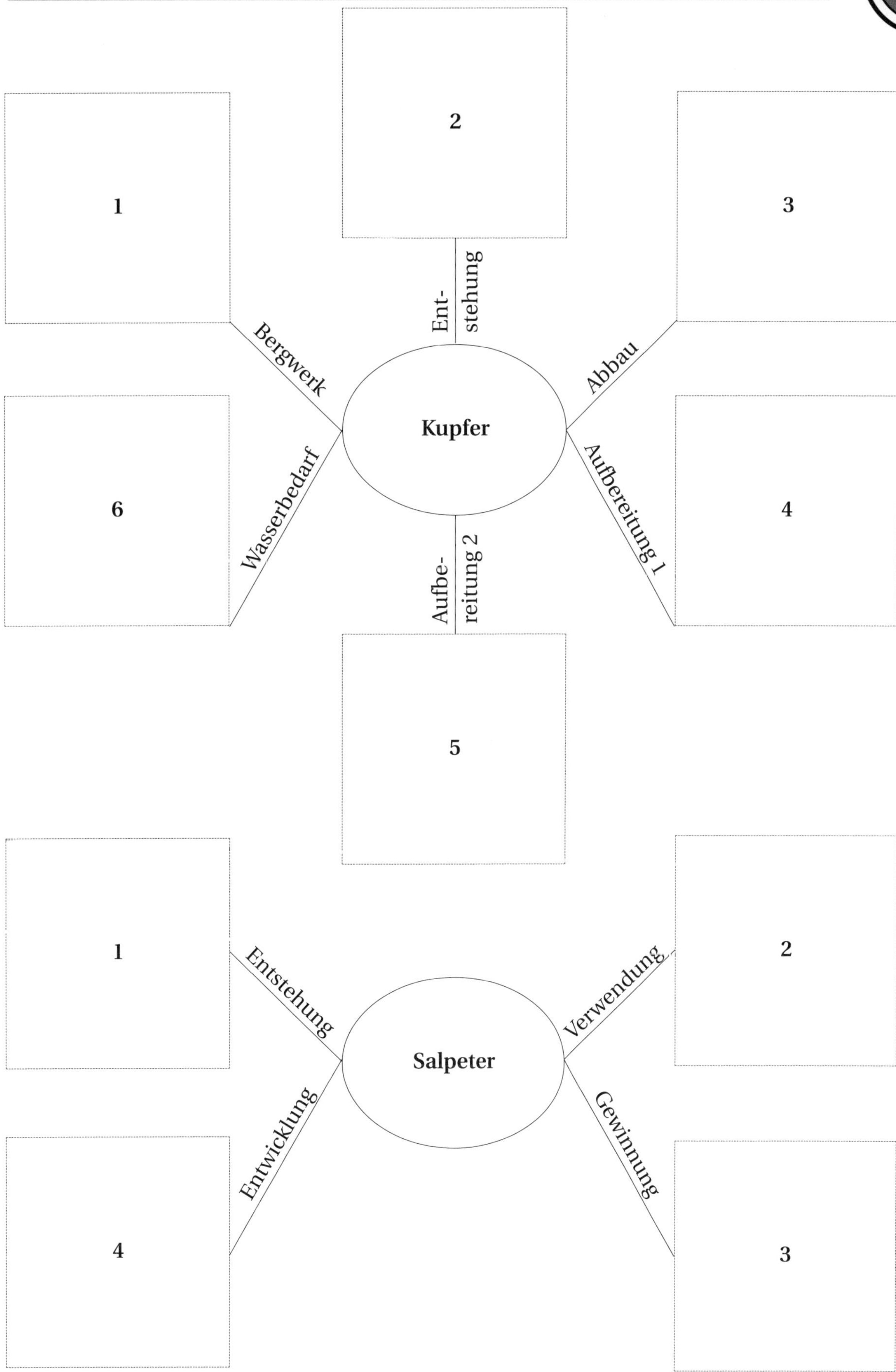

Lösungswort: | | | | | | | | | | | | |

Folge meinem Reiseweg auf der „Auswahlkarte" und setze die fehlenden Begriffe ein. Wenn du die markierten Buchstaben in das Lösungsfeld einträgst, erfährst du mein Reiseziel.

Die Reise beginnt in Marokko und hier in der Stadt Bar el Beida, die auch _ _ _ _-_(1) _ _ _ _ _ genannt wird. Du überquerst das _ _(14) _ _ _ - _(17) _ _ _ _(7) _ _, das nach einem Helden der griechischen Sagenwelt benannt ist. Auf der südlichen Seite des Gebirges regnet es kaum noch. Hier beginnt die _ _(2) _ _ _(19) _. Auf deiner weiteren Reise kommst du an der Grenze zwischen Algerien und Marokko an einem Schild vorbei, das die Reisezeit nach _ _ _ _(11) _ _ _ _ angibt. Weiter in Richtung Süden reist du nach Mali und überquerst den nördlichen _ _ _ _(3) _ _ _ _ _ _, wo die Sonne zweimal im Jahr genau senkrecht am Himmel steht. Weiter geht es durch endlose Wüstengebiete zum „Hafen der Wüste", wie die Stadt Timbuktu auch genannt wurde. Nun startest du in Richtung Nordost zum Ahaggar-Gebirge. Die Berge bestehen aus ehemaligen _ _ _ _ _(8) _ _ _. Im nördlichen Bereich des Gebirges weisen _ _(12) _ _ _ _ _(13) _ _ _ _ _ _ _ _(16) darauf hin, dass schon vor langer Zeit Menschen in der Sahara siedelten. Weiter im Norden durchquerst du eine Steinwüste, die auch als _ _ _ _ _(10) _ bezeichnet wird. Hier wird mitten in der Wüste _(4) _ _ _ _ _ gefördert. Am Dreiländereck von Tunesien, Algerien und _ _ _ _ _ _(9) befindet sich die Stadt _ _ _(15) _ _ _ _ _ mit den eng aneinanderstehenden Häusern in der Altstadt.

In den Souf-Oasen werden _ _ _(6) _ _ _ _ _ _ _ _(18) _ in großen Trichtern angebaut, die aus Sand aufgeschüttet wurden. Weiter geht es zum Schott el Djerd, einem _(5) _ _ _ _ _ _. Nun gilt es den Saharaatlas auf mühevoller Weise zu überqueren, bevor du das Ziel erreichst und dich noch einige Tage erholen kannst.

Ziel: _(1) _(2) _(3) _(4) _(5) _(6) _(7) _(8) _(9) _(10)   _(11) _(12) _(13)   _(14) _(15) _(16) _(17) _(18) _(19)

Folge meinem Reiseweg auf der „Auswahlkarte“ und setze die fehlenden Begriffe ein. Wenn du die markierten Buchstaben in das Lösungsfeld einträgst, erfährst du mein Reiseziel.

Fahre zuerst den Nil stromaufwärts und starte von der Hafenstadt __ __ __(15) __ __ __ __- __(3) __ __, die von Alexander dem Großen gegründet wurde. Dort stand auch eines der sieben Weltwunder der Antike, ein riesiger __ __ __ __ __(1) __ __ __ __ __. Bald erreichst du das einzige Weltwunder, das man heute noch besuchen kann, die __ __ __ __ __(14) __ __ __ __. Sie sind aus riesigen Steinquadern gebaut. Das nächste Etappenziel ist die größte Stadt Afrikas. In __ __ __ __(17) __ leben über 12 Millionen Einwohner und sie wächst unaufhaltsam. Weiter im Tal der __ __ __ __(13) __ __ __ fand man das vollständig erhaltene Grab des __ __(5) __ __ __ __ Tut-Ench-Amun. Kostbare Schätze, die dem König für sein Leben im Jenseits mitgegeben wurde, waren in der __(4) __ __ __ __ __ __ __ __ __. Weiter flussaufwärts versperrt der riesige __ __ __ __ __(7) __ __ __ Sadd-El-Ali den Weg. Überall an den Ufern des Nils wird der Rohstoff für Jeans, die __ __ __ __ __ __(10) __ __ __ angepflanzt. Nun verlässt du das Land __ __(2) __ __ __ und erreichst das Land Tschad. Du kommst am __ __ __ __ __ __(11) __ dem höchsten Gebirge der Sahara, vorbei und erreichst den Staat __ __ __ __ __(9). Deine Reise führt dich weiter nach Libyen. Im Westen des Landes liegen die __ __(12) __ __ von Mandara. Sie werden von __ __ __ __ __ __ __ (6) __ __ __(8) gespeist, das viele tausend Jahre alt ist. Im Osten Libyens wird dieses Wasser mithilfe von Tiefbrunnen gefördert und zur __ __(16) __ __ __ __ __ __ __ __ __ __ von kreisrunden Feldern benutzt. Nach mühevoller Weiterreise erholt sich Alex in

__(1) __(2) __(3) __(4) __(5) __(6) __(7) __(8) am __(9) __(10) __(11) __(12) __(13) __(14) __(15) __(16) __(17).

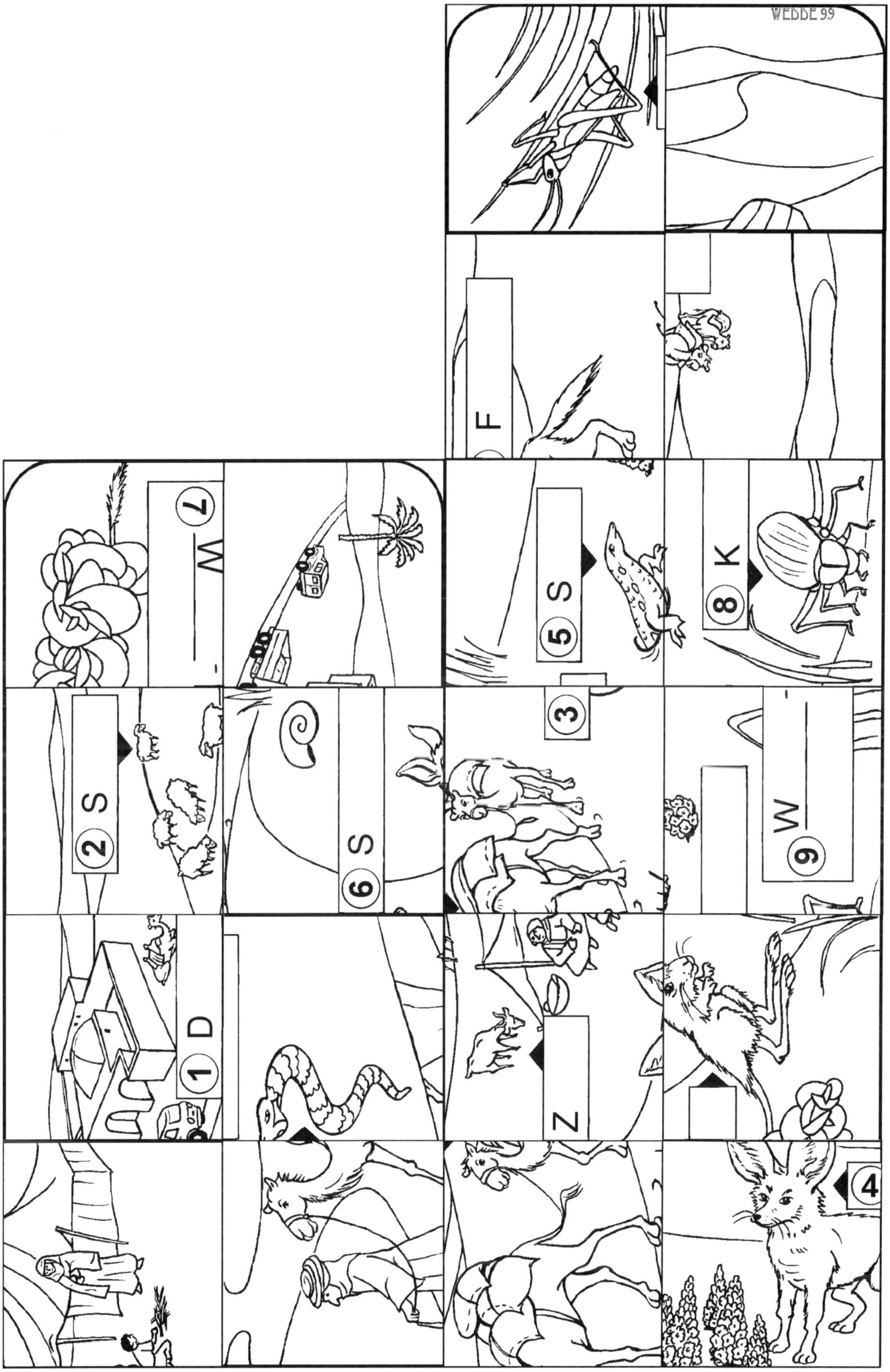
WEDDE 99
F
5 S
8 K
7 W
2 S
6 S
3
9 W
1 D
Z
4

❶ *In dem Buchstabenrätsel sind 8 Tiere, die in der Wüste leben, versteckt. Markiere sie farbig.*

R	E	N	N	K	U	C	K	U	C	K	G
L	M	A	N	T	I	L	O	P	E	X	R
S	L	U	Z	J	H	R	L	P	B	I	O
P	W	Ü	S	T	E	N	F	U	C	H	S
R	A	C	V	D	G	S	F	M	N	O	S
I	W	E	R	T	Z	S	M	V	Q	U	W
N	R	E	S	K	O	R	P	I	O	N	A
G	A	Z	E	L	L	E	I	L	T	T	R
M	A	U	F	L	A	M	M	E	T	A	A
A	Y	K	A	M	E	L	N	O	M	E	N
U	F	I	G	U	R	E	N	E	R	G	S
S	P	O	S	A	N	D	V	I	P	E	R

❷ *Beschreibe, wie sich die abgebildeten Tiere der Wüste angepasst haben. Wertvolle Hilfe leistet dir das Wüstenpanorama und das Lexikon.*

Tiere der Wüste	So passen sich die Tiere an die Wüste an:

❶ *Die Wüste ist nicht ganz vegetationslos. Einige Pflanzen existieren auch in der extremen Trockenheit. Zeichne die aufgeführten Pflanzen und beschreibe, wie sich die jeweilige Pflanze an die Wüste angepasst hat.*
Nutze die Informationen im Screen „In der Wüste“ und im Lexikon.

Pflanzen der Wüste	So passen sich die Pflanzen an die Wüste an:
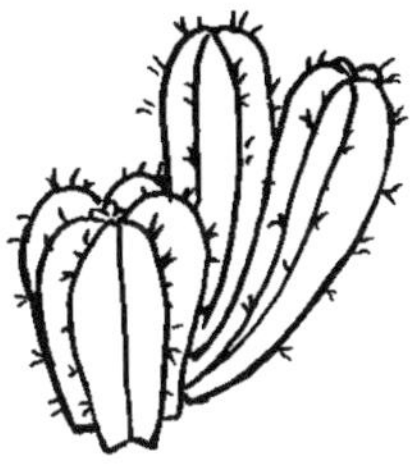	

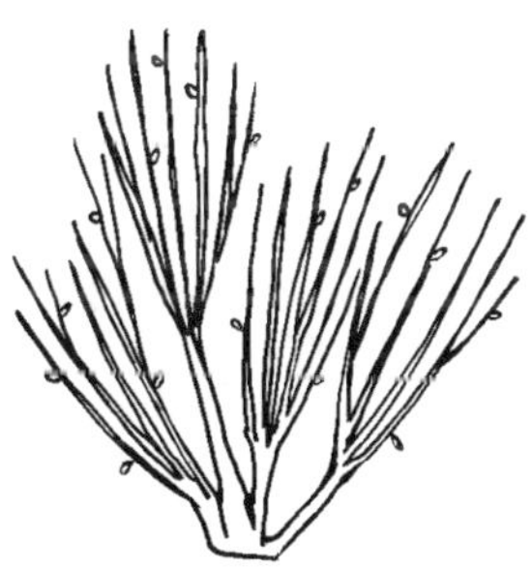